Fact-Nice
경찰경비론

유윤선·박상현·양원규 공저

백산출판사

머리말

경찰현상에 대한 체계화된 지식인 경찰학은 크게 총론부분과 각론부분으로 나눌 수 있으며, 각론부분을 흔히 경찰실무라고 한다.

경찰학각론의 내용은 실제 경찰활동이 이루어지는 전 영역에 걸친 지식이다. 따라서 그 내용의 범위가 방대하고 시대와 상황에 따라 끊임없이 변화될 수밖에 없는 것이다.

경찰공무원의 채용 및 승진시험에 필수과목인 경찰학의 내용을 완벽히 이해한다는 것은 경찰학의 본질적 특성으로 말미암아 거의 불가능하다고 할 수 있기에, 경찰학 과목은 항상 어려운 과목으로 남아있게 된다.

경찰학각론의 광범위한 내용은 대개 경찰윤리론, 경찰경무론, 경찰방범론(생활안전론), 범죄예방론, 지역사회경찰론, 경찰수사론, 경찰교통론, 교통사고재현론, 경찰경비론, 경찰정보론, 경찰보안론, 경찰외사론, 비교경찰론, 기타 경찰론 등으로 나누어 볼 수 있으나, 그 내용이 방대하고 수시로 법령의 제정 및 개정으로 공부를 하는 예비경찰관 뿐만 아니라 현직 경찰관 역시 고충이 많을 수밖에 없다.

본서 '경찰경비론'은 이러한 입장을 고려하여 핵심적인 내용를 정리하고자 하였다.

본서를 집필함에 있어 최근 개정된 법령을 일일이 확인・검토하여 반영하는 수고를 아끼지 않았으며, 이 수고가 헛되지 않고 많은 경찰학도들의 채용 및 승진준비에 도움이 되길 간절히 바라마지 않는다.

본서는 '경찰경비론'을 공부하는 많은 경찰학도를 위해 경찰학총론, 경호학, 민간경비론 등의 교재와 불필요한 중복을 최대한 없애고, 공부의 효율성, 편의성 및 심화를 위한 연구성까지 배려하였다.

따라서 경비경찰권의 한계는 경찰권의 한계와 같은 것이기에 다시 경찰학 총론을 보기바라며, 중요시설경비, 청원경찰, 통합방위법 관련 등은 민간경비론을, 경호경비는 경호학을 참조하시면 무난할 것이다.

본서는 3인 공저의 교재로, 경찰발전위원회 위원이신 유윤선 교수는 많은 자료를 수집하고 분석하는 데 수고를 아끼지 않았으며, 집회와 시위 위원이신 박상현 교수는 특히 집회와 시위에 관한 판례를 일일이 검토하며 수험준비에 꼭 필요한 판례만 수록할 수 있도록 열정과 성의를 다 했으며, 마지막으로 양원규 교수는 교재 서술의 일관성을 유지하기 위해 전체적인 문장을 통일시키고 마지막 마무리까지 하여 보다 나은 교재가 되도록 하였다. 이에 늘 후학을 위해 노심초사하는 공저 교수님의 노고에 감사하는 마음을 여기에 남기고자 한다.

2016.8.15

도천골 연구실에서 마지막 탈고를 고민하면서

유윤선, 박상현, 양원규 드림

차례

제 4 장 혼잡경비 및 선거경비 / 53

제 5 장 치안경비와 집회 · 시위의 관리 / 65

제 6 장 재난경비 / 101

표 목차

그림 목차

제 1 장

경비경찰의 의의

경찰경비론

제1장

경비경찰의 의의

제1절 경비경찰의 의의

1. 경비경찰의 개념

1) 경비경찰(警備警察)의 의의

- 경찰이란 사회공공의 안녕과 질서유지를 위해 일반통치권에 의거하여 국민에게 강제, 명령, 지시 통제하는 권력적 작용이라고 할 수 있다.
- 경비경찰은 경찰의 기능 중에서, 특히 공공의 안녕과 질서를 파괴하는 국가비상사태, 긴급한 주요사태 등이 발생하거나 발생할 우려가 있는 경우, 이러한 상황이나 범죄를 예방・경계・진압하는 경찰활동이다.
- 개인이나 단체가 불법행위와 관련되거나, 비록 불법행위와 관련은 없으나 인위적인 혼란야기, 대규모 자연재해가 발생하거나 발생할 우려가 있어 공공의 질서를 파괴되는 경우도 경비경찰의 대상이다.

2. 경비경찰의 중요성

- 전통적인 경찰의 임무는 소극적인 질서유지작용이라는 점에서 공공복리의 증진을 목적으로 하는 일반행정기관의 역할과 구분되나, 사회의 발전이나 국민생활의 향상도 기본적으로 사회적 안정을 확보했을 때 가능하다.
- 경비경찰은 국민의 복지추구에 직접적 · 적극적으로 개입하지는 않지만 사회가 발전할 수 있는 토양을 다지는 역할을 한다.

3. 경비경찰의 대상

대 상	종 류	내 용
개인적 · 단체적 불법행위	치안경비	공안(公安)을 해(害)하는 다중범죄 등 집단적인 범죄사태가 발생하거나 발생할 우려가 있는 경우, 이를 예방 · 경계 · 진압하기 위한 활동
	특수경비(대테러)	총포 · 도검 · 폭발물 등에 의한 인질난동 · 살상 등 사회이목을 집중시키는 중요사건을 예방 · 경계 · 진압하는 활동
	경호경비	피(被)경호자의 신변을 보호하는 경비활동
	중요시설경비	국가적으로 중대한 영향을 미치는 국가산업시설, 국가행정시설을 방호하기 위한 경비활동
인위적 · 자연적 재난	혼잡경비	기념행사 · 경기대회 · 경축제례 등에 수반하는 미(未)조직 군중에 의하여 발생하는 자연적 · 인위적인 혼란상태를 경계 · 예방 · 진압하는 활동
	재난경비	천재지변 · 화재 등의 자연적 · 인위적 돌발사태로 인하여 인명 또는 재산상 피해가 야기될 경우 이를 예방 · 진압하는 활동

경비업법

제2조(정의) 이 법에서 사용하는 용어의 정의는 다음과 같다. 〈개정 2005.5.31., 2013.6.7.〉

1. "경비업"이라 함은 다음 각목의 1에 해당하는 업무(이하 "경비업무"라 한다)의 전부 또는 일부를 도급받아 행하는 영업을 말한다.
   가. 시설경비업무 : 경비를 필요로 하는 시설 및 장소(이하 "경비대상시설"이라 한다)에서의 도난 · 화재 그 밖의 혼잡 등으로 인한 위험발생을 방지하는 업무
   나. 호송경비업무 : 운반중에 있는 현금 · 유가증권 · 귀금속 · 상품 그 밖의 물건에 대하여 도난 · 화재 등 위험발생을 방지하는 업무
   다. 신변보호업무 : 사람의 생명이나 신체에 대한 위해의 발생을 방지하고 그 신변을 보호하는

업무

라. 기계경비업무 : 경비대상시설에 설치한 기기에 의하여 감지 · 송신된 정보를 그 경비대상시설외의 장소에 설치한 관제시설의 기기로 수신하여 도난 · 화재 등 위험발생을 방지하는 업무

마. 특수경비업무 : 공항(항공기를 포함한다) 등 대통령령이 정하는 국가중요시설(이하 "국가중요시설"이라 한다)의 경비 및 도난 · 화재 그 밖의 위험발생을 방지하는 업무

4. 경비경찰과 타 기능과의 비교

	경비경찰	정보경찰	수사경찰	생활안전경찰
목 적	공공의 안녕 · 질서의 유지	국가의 안전 · 사회공공의 질서유지	개인의 생명 · 신체 · 재산의 보호	범죄의 예방
작 용	조직적인 부대활동으로 공공의 안녕 유지	경비활동의 기초적인 정보제공	개인적인 법익침해에 대한 수사 및 경비범죄에 대한 수사활동	민생침해범죄에 대한 예방활동
성 격	주로 행정경찰		주로 사법경찰	주로 행정경찰

행정경찰과 사법경찰

경찰이 수행하는 목적에 따라 구분한 경찰의 종류

행정경찰(行政警察)	사법경찰(司法警察 , judicial police)
행정 법규의 규율을 받는 경찰	형사소송 법규의 규율을 받는 경찰
(협의)행정상의 경찰작용 가운데 일반공안유지를 임무로 하고 그 자체가 독립적인 행정부문을 형성하고 있는 보안경찰에 대해, 위생 · 경제 · 교통 등의 행정 각 부문에 부수하여 질서유지를 목적으로 하는 경찰	범죄의 수사를 목적으로 하는 경찰작용을 말하며, 본래 행정기관의 지위에 있는 자가 범죄수사를 담당하는 경우에 그 직무로 행하는 작용
유럽에서 유래	영 · 미에서는 이 구별을 인정하지 않는다.
사회질서의 유지, 즉 사전에 국민의 생명 · 신체 · 재산을 보호하려는 예방경찰에 중점	법익(法益)이 침해된 때에 범죄를 수사하는 활동으로 검사와 사법경찰관리가 그 임무를 담당하며, 형사소송법이 정하는 절차에 따라 행한다.
공공의 안녕과 질서를 유지하는 권력작용으로서 실질적 의미의 경찰을 의미하며, 행정법규의 적용을 받는다	범죄를 수사하며 범인을 체포하는 권력작용을 의미하며, 형사소송법 제196조에 따라 검사의 지휘를 받고 있다.

* 출처 : 행정학사전, 대영문화사, 2009. 경찰학사전, 법문사, 2012.

특별사법경찰

- 특별사법경찰제는 「형사소송법」 제197조에 따라 관할 검사장이 지명하는 일반직 공무원이 특정한 직무의 범위 내에서 단속계획을 수립해 단속과 조사, 송치 등의 업무를 수행하는 제도
- 전문화된 기능별로 전문성이 부족한 일반사법경찰관리로서는 직무수행이 불충분하기 때문에 그 효율성을 위해 전문적 지식이 정통한 행정공무원에게 사법경찰권을 부여하여 수사활동을 하도록 제도화 한 것
- 특별사법경찰관은 4급~7급공무원에게 부여, 특별사법경찰리는 8급~9급에게 부여
- 철도, 환경, 위생, 산림, 해사, 전매, 세무, 교도소 등 특정지역과 시설에 대한 수사나 조세, 마약, 관세사범 수사시 전문가에게 수사권을 위임하여 업무를 수행하도록 권한을 부여
  예 2009년 3월 기준으로 법률신문에 따르면 중앙행정부처와 지방자치단체 932개 기관에 17,613명이 특별사법경찰관리로 임명되어 임무를 수행하고 있음
- 관계법령 : 〈사법경찰관리의직무를행할자와그직무범위에관한법률〉, 1956년 1월 12일 법률 제380호 제정

* 출처 : 경찰학사전, 법문사, 2012.

제2절 경비경찰의 특징[1)]

1. **복합기능적 활동**	• 경비사태가 발생한 후에 진압 뿐만 아니라, 특정한 사태가 발생하기 전에, 경계·예방의 역할을 수행한다.
2. **현상유지적 활동**	• 경비활동은 기본적으로 현재의 질서상태를 보존하는 것에 가치를 둔다. • 질서유지활동은 정태적·소극적인 질서유지가 아니라 새로운 변화와 발전을 보장하기 위한 기초를 다진다는 의미에서 동태적·적극적인 의미의 현상유지작용이다.
3. **즉시적 활동(즉응적 활동)**	• 경비상황은 항상 긴급을 요하고 국가적으로나 사회적으로 중대한 영향을 미치므로 신속한 처리가 요구된다. • 경비사태에 대하여 기한을 정하여 진압할 수 없으며 즉시 출동하여 신속하게 조기제압을 해야 한다.(112타격대)
4. **조직적 부대활동**	• 부대활동은 지휘관과 부하 그리고 장비와 보급체계를 갖춘 조직적인 집단활동이다. • 경비경찰은 경비사태 발생시 조직적이고 집단적인 대응이 요구되므로, 조직적 부대활동에 중점을 둔 체계적인 부대편성, 관리·운영이 필요하다.
5. **하향적 명령에 의한 활동**	• 경비활동은 조직적인 부대활동으로 모든 활동은 주로 계선조직의 지휘관이 내리는 지시나 명령에 의하여 움직이므로, 활동의 결과에 대해서도 지휘관이 지휘책임을 지는 것이 일반적이다.
6. **사회전반적 안녕목적의 활동**	• 경비경찰의 활동대상은 공공의 안녕과 질서를 유지하는 것을 목적으로 하므로, 결과적으로 사회전체의 질서를 파괴하는 범죄를 대상으로 작용한다.

1) 경찰대학 교재편찬위원회, 경찰경비론, 경찰대학, 1998 : 6-9.

제 2 장

경비경찰의 근거와 한계

제2장 경비경찰의 근거와 한계

제1절 경비경찰권의 근거

- 경비경찰권의 발동은 국민에게 명령하고 강제하는 권력작용을 본질로 하고 있는 이상, 경찰권을 발동하기 위해서는 법률의 근거를 필요로 하며 일정한 한계 내에 머물러야 한다.
- 일반적으로 경찰권의 근거로 할 수 있는 것은 헌법, 법률, 명령, 규칙 등을 들 수 있으며 이에 벗어난 경찰권의 행사는 위법한 경찰권의 행사로 사법심사의 대상이 된다.
- 경찰권(警察權)이란 경찰작용으로 인하여 발동되는 일반통치권으로서, 공공의 안녕과 질서유지 및 위해방지를 목적으로 국민에게 명령・강제하는 권한을 말한다. 이러한 경찰권은 일반통치권의 행사이므로 내국인・외국인・자연인(自然人)・법인(法人)의 구별없이 모두 적용된다.

1. 헌법

- 헌법 제37조는, 국민의 자유와 권리를 제한하는 명령강제작용인 경찰권의 근거

는 국민의 대표기관인 국회에서 제정하는 법률이어야 함을 명시하고 있다.

• 이는 근대법치국가에서 '법률에 의한 행정' 내지 '법의 지배'의 요청에 따라 국민의 자유와 권리를 최대한으로 보장하려는데 있는 것으로, 그 법률의 제정 한계도 자유와 권리의 본질적인 내용을 침해할 수 없도록 밝힘으로서 권한의 남용을 방지하고자 한 것이다.

헌법

제37조 ① 국민의 자유와 권리는 헌법에 열거되지 아니한 이유로 경시되지 아니한다.
② 국민의 모든 자유와 권리는 국가안전보장・질서유지 또는 공공복리를 위하여 필요한 경우에 한하여 법률로써 제한할 수 있으며, 제한하는 경우에도 자유와 권리의 본질적인 내용을 침해할 수 없다.

2. 법률

1) 경찰법[2)]

경찰법 제3조(국가경찰의 임무)는 경찰업무에 대하여 전반적 내용을 담고 있으며 아울러 경비경찰의 활동근거도 그 내용에 포함하고 있다.

경찰법

제3조(국가경찰의 임무) 국가경찰의 임무는 다음 각 호와 같다. 〈개정 2014.5.20.〉
1. 국민의 생명・신체 및 재산의 보호
2. 범죄의 예방・진압 및 수사
3. 경비・요인경호 및 대간첩・대테러 작전 수행
4. 치안정보의 수집・작성 및 배포
5. 교통의 단속과 위해의 방지

2) 경찰법이 조직법적 성격이냐 작용법적 성격이냐에 대하여 논란이 있으나, 경찰법은 주로 경찰의 기본조직이나 업무범위를 정한 것으로(주로 조직법적 성격이 강함) 경찰권의 발동에 관한 구체적 내용을 담고 있다고 보기는 어려우며, 경찰관직무집행법에 각종 경찰업무의 범위 및 발동에 관한 요건이 구체적으로 규정되어 있다.

6. 외국 정부기관 및 국제기구와의 국제협력
7. 그 밖의 공공의 안녕과 질서유지
[전문개정 2011.8.4.]

2) 경찰관직무집행법

경찰관직무집행법은 혼잡경비, 재해경비, 다중범죄의 진압, 경호경비, 경찰작전 등 경찰전반적인 업무내용 뿐만 아니라 불심검문, 보호조치, 위험발생의 방지, 범죄의 예방과 제지, 위험방지를 위한 출입, 무기의 사용 등에 대하여 구체적으로 규정한 경비경찰권 발동의 가장 주된 법률이다.

3) 경찰직무응원법

경찰직무응원법은 경비경찰의 타 관할에서의 근무, 기동대의 편성, 기동대장의 임명 등에 대하여 규정하고 있다.

경찰직무응원법

제1조(응원경찰관의 파견) ① 지방경찰청장 또는 지방해양경비안전관서의 장은 돌발사태를 진압하거나 공공질서가 교란(攪亂)되었거나 교란될 우려가 현저한 지역(이하 "특수지구"라 한다)을 경비할 때 그 소관 경찰력으로는 이를 감당하기 곤란하다고 인정할 때에는 응원(應援)을 받기 위하여 다른 지방경찰청장이나 지방해양경비안전관서의 장 또는 자치경찰단을 설치한 제주특별자치도지사에게 경찰관 파견을 요구할 수 있다. 〈개정 2014.11.19.〉
② 돌발사태를 진압하거나 특수지구를 경비할 때 긴급한 경우 경찰청장은 지방경찰청장 또는 소속 경찰기관의 장에게 다른 지방경찰청 또는 지방해양경비안전관서의 경찰관을 응원하도록 소속 경찰관의 파견을 명할 수 있고, 국민안전처장관은 지방해양관서의 장에게 다른 지방경찰청 또는 지방해양경비안전관서의 경찰관을 응원하도록 소속 경찰관의 파견을 명할 수 있다. 〈개정 2014.11.19.〉
[전문개정 2010.7.23.]

4) 집회 및 시위에 관한 법률

집회및시위에관한법률

제1조(목적) 이 법은 적법한 집회(集會) 및 시위(示威)를 최대한 보장하고 위법한 시위로부터 국민을 보호함으로써 집회 및 시위의 권리 보장과 공공의 안녕질서가 적절히 조화를 이루도록 하는 것을 목적으로 한다.

5) 청원경찰법

청원경찰법

제1조(목적) 이 법은 청원경찰의 직무・임용・배치・보수・사회보장 및 그 밖에 필요한 사항을 규정함으로써 청원경찰의 원활한 운영을 목적으로 한다.

[전문개정 2010.2.4.]

제2조(정의) 이 법에서 "청원경찰"이란 다음 각 호의 어느 하나에 해당하는 기관의 장 또는 시설・사업장 등의 경영자가 경비(이하 "청원경찰경비"(請願警察經費)라 한다)를 부담할 것을 조건으로 경찰의 배치를 신청하는 경우 그 기관・시설 또는 사업장 등의 경비(警備)를 담당하게 하기 위하여 배치하는 경찰을 말한다. 〈개정 2013.3.23., 2014.11.19.〉

1. 국가기관 또는 공공단체와 그 관리하에 있는 중요 시설 또는 사업장
2. 국내 주재(駐在) 외국기관
3. 그 밖에 행정자치부령으로 정하는 중요 시설, 사업장 또는 장소

[전문개정 2010.2.4.]

6) 경비업법

경비업법

제1조(목적) 이 법은 경비업의 육성 및 발전과 그 체계적 관리에 관하여 필요한 사항을 정함으로써 경비업의 건전한 운영에 이바지함을 목적으로 한다.

제2조(정의) 이 법에서 사용하는 용어의 정의는 다음과 같다. 〈개정 2005.5.31., 2013.6.7.〉

1. "경비업"이라 함은 다음 각목의 1에 해당하는 업무(이하 "경비업무"라 한다)의 전부 또는 일부를 도급받아 행하는 영업을 말한다.
   가. 시설경비업무 : 경비를 필요로 하는 시설 및 장소(이하 "경비대상시설"이라 한다)에서의 도난・화재 그 밖의 혼잡 등으로 인한 위험발생을 방지하는 업무
   나. 호송경비업무 : 운반중에 있는 현금・유가증권・귀금속・상품 그 밖의 물건에 대하여 도난・화재 등 위험발생을 방지하는 업무
   다. 신변보호업무 : 사람의 생명이나 신체에 대한 위해의 발생을 방지하고 그 신변을 보호하는 업무
   라. 기계경비업무 : 경비대상시설에 설치한 기기에 의하여 감지・송신된 정보를 그 경비대상시설외의 장소에 설치한 관제시설의 기기로 수신하여 도난・화재 등 위험발생을 방지하는 업무
   마. 특수경비업무 : 공항(항공기를 포함한다) 등 대통령령이 정하는 국가중요시설(이하 "국가중요시설"이라 한다)의 경비 및 도난・화재 그 밖의 위험발생을 방지하는 업무
2. "경비지도사"라 함은 경비원을 지도・감독 및 교육하는 자를 말하며 일반경비지도사와 기계경비지도사로 구분한다.
3. "경비원"이라 함은 제4조제1항의 규정에 의하여 경비업의 허가를 받은 법인(이하 "경비업자"라 한다)이 채용한 고용인으로서 다음 각목의 1에 해당하는 자를 말한다.
   가. 일반경비원 : 제1호 가목 내지 라목의 경비업무를 수행하는 자
   나. 특수경비원 : 제1호 마목의 경비업무를 수행하는 자
4. "무기"라 함은 인명 또는 신체에 위해를 가할 수 있도록 제작된 권총・소총 등을 말한다.
5. "집단민원현장"이란 다음 각 목의 장소를 말한다.
   가. 「노동조합 및 노동관계조정법」에 따라 노동관계 당사자가 노동쟁의 조정신청을 한 사업장 또는 쟁의행위가 발생한 사업장
   나. 「도시 및 주거환경정비법」에 따른 정비사업과 관련하여 이해대립이 있어 다툼이 있는 장소
   다. 특정 시설물의 설치와 관련하여 민원이 있는 장소
   라. 주주총회와 관련하여 이해대립이 있어 다툼이 있는 장소
   마. 건물・토지 등 부동산 및 동산에 대한 소유권・운영권・관리권・점유권 등 법적 권리에 대한 이해대립이 있어 다툼이 있는 장소
   바. 100명 이상의 사람이 모이는 국제・문화・예술・체육 행사장
   사. 「행정대집행법」에 따라 대집행을 하는 장소

7) 형법

형법

제115조(소요) 다중이 집합하여 폭행, 협박 또는 손괴의 행위를 한 자는 1년 이상 10년 이하의 징역이나 금고 또는 1천500만원 이하의 벌금에 처한다. 〈개정 1995.12.29〉

제116조(다중불해산) 폭행, 협박 또는 손괴의 행위를 할 목적으로 다중이 집합하여 그를 단속할 권한이 있는 공무원으로부터 3회 이상의 해산명령을 받고 해산하지 아니한 자는 2년 이하의 징역이나 금고 또는 300만원 이하의 벌금에 처한다. 〈개정 1995.12.29〉

8) 대통령 등의 경호에 관한 법률

대통령경호에 관한 사항을 규정하면서, 경호실장이 직무상 필요시 국가의 각 기관 및 지방자치단체의 장에게 그 공무원을 파견, 기타 필요한 협조를 요청할 수 있도록 규정되어 있어 경찰의 경호경비와 관련이 깊다.

대통령 등의 경호에 관한 법률

제1조(목적) 이 법은 대통령 등에 대한 경호를 효율적으로 수행하기 위하여 경호의 조직·직무범위와 그 밖에 필요한 사항을 규정함을 목적으로 한다. 〈개정 2008.2.29.〉

[전문개정 2005.3.10.]

제3조(대통령경호실장 등) ① 대통령경호실장(이하 "실장"이라 한다)은 대통령이 임명하고, 경호실의 업무를 총괄하며 소속공무원을 지휘·감독한다.

② 경호실에 차장 1명을 둔다.

③ 차장은 정무직·1급 경호공무원 또는 고위공무원단에 속하는 별정직 국가공무원으로 보하며, 실장을 보좌한다.

[전문개정 2013.3.23.]

제4조(경호대상) ① 경호실의 경호대상은 다음과 같다. 〈개정 2013.3.23., 2013.8.13.〉

1. 대통령과 그 가족
2. 대통령 당선인과 그 가족
3. 본인의 의사에 반하지 아니하는 경우에 한정하여 퇴임 후 10년 이내의 전직 대통령과 그 배우자. 다만, 대통령이 임기 만료 전에 퇴임한 경우와 재직 중 사망한 경우의 경호 기간은 그로부

터 5년으로 하고, 퇴임 후 사망한 경우의 경호 기간은 퇴임일부터 기산(起算)하여 10년을 넘지 아니하는 범위에서 사망 후 5년으로 한다.

4. 대통령권한대행과 그 배우자
5. 대한민국을 방문하는 외국의 국가 원수 또는 행정수반(行政首班)과 그 배우자
6. 그 밖에 실장이 경호가 필요하다고 인정하는 국내외 요인(要人)

② 제1항제1호 또는 제2호에 따른 가족의 범위는 대통령령으로 정한다.

③ 제1항제3호에도 불구하고 전직 대통령 또는 그 배우자의 요청에 따라 실장이 고령 등의 사유로 필요하다고 인정하는 경우에는 5년의 범위에서 같은 호에 규정된 기간을 넘어 경호할 수 있다. 〈신설 2013.8.13.〉

[전문개정 2011.4.28.]

제5조(경호구역의 지정 등) ① 실장은 경호업무의 수행에 필요하다고 판단되는 경우 경호구역을 지정할 수 있다. 〈개정 2012.2.2., 2013.3.23.〉

② 제1항에 따른 경호구역의 지정은 경호 목적 달성을 위한 최소한의 범위로 한정되어야 한다.

③ 소속공무원과 관계기관의 공무원으로서 경호업무를 지원하는 사람은 경호 목적상 불가피하다고 인정되는 상당한 이유가 있는 경우에만 경호구역에서 질서유지, 교통관리, 검문·검색, 출입통제, 위험물 탐지 및 안전조치 등 위해 방지에 필요한 안전 활동을 할 수 있다. 〈개정 2012.2.2.〉

④ 삭제 〈2013.3.23.〉

[전문개정 2011.4.28.]

9) 재난 및 안전관리 기본법

재난 및 안전관리기본법

제1조(목적) 이 법은 각종 재난으로부터 국토를 보존하고 국민의 생명·신체 및 재산을 보호하기 위하여 국가와 지방자치단체의 재난 및 안전관리체제를 확립하고, 재난의 예방·대비·대응·복구와 안전문화활동, 그 밖에 재난 및 안전관리에 필요한 사항을 규정함을 목적으로 한다. 〈개정 2013.8.6.〉

[전문개정 2010.6.8.]

제2조(기본이념) 이 법은 재난을 예방하고 재난이 발생한 경우 그 피해를 최소화하는 것이 국가와 지방자치단체의 기본적 의무임을 확인하고, 모든 국민과 국가·지방자치단체가 국민의 생명 및

신체의 안전과 재산보호에 관련된 행위를 할 때에는 안전을 우선적으로 고려함으로써 국민이 재난으로부터 안전한 사회에서 생활할 수 있도록 함을 기본이념으로 한다.
[전문개정 2010.6.8.]

10) 전직대통령예우에관한법률

전직대통령예우에관한법률

제1조(목적) 이 법은 전직대통령(前職大統領)의 예우에 관한 사항을 규정함을 목적으로 한다.
[전문개정 2011.5.30.]

제6조(그 밖의 예우) ① 전직대통령은 비서관 3명과 운전기사 1명을 둘 수 있고, 전직대통령이 서거한 경우 그 배우자는 비서관 1명과 운전기사 1명을 둘 수 있다.

② 제1항에 따라 전직대통령이 둘 수 있는 비서관과 운전기사는 전직대통령이 추천하는 사람 중에서 임명하며, 비서관은 고위공무원단에 속하는 별정직공무원으로 하고, 운전기사는 별정직공무원으로 한다.

③ 제1항에 따라 전직대통령이 서거한 경우 그 배우자가 둘 수 있는 비서관과 운전기사는 전직대통령의 배우자가 추천하는 사람 중에서 임명하며, 비서관과 운전기사의 신분은 대통령령으로 정한다.

④ 전직대통령 또는 그 유족에게는 관계 법령에서 정하는 바에 따라 다음 각 호의 예우를 할 수 있다.

1. 필요한 기간의 경호 및 경비(警備)
2. 교통·통신 및 사무실 제공 등의 지원
3. 본인 및 그 가족에 대한 치료
4. 그 밖에 전직대통령으로서 필요한 예우

[전문개정 2011.5.30.]

11) 계엄법

계엄법

제1조(목적) 이 법은 계엄(戒嚴)의 선포와 그 시행 및 해제 등에 필요한 사항을 정함을 목적으로 한다.
[전문개정 2011.6.9.]

12) 통합방위법

> **통합방위법**
>
> **제1조(목적)** 이 법은 적(敵)의 침투 · 도발이나 그 위협에 대응하기 위하여 국가 총력전(總力戰)의 개념을 바탕으로 국가방위요소를 통합 · 운용하기 위한 통합방위 대책을 수립 · 시행하기 위하여 필요한 사항을 규정함을 목적으로 한다.
>
> [전문개정 2009.5.21.]

3. 명령

경비경찰과 관련된 각종 법률을 시행함에 있어서 구체적인 실천사항에 관한 내용을 시행령 형식으로 규정하고 있는바, 경찰관직무집행법시행령, 집회및시위에관한법률시행령, 청원경찰법시행령, 대통령경호실법시행령, 계엄법시행령, 통합방위법시행령 등이 있다.

4. 규칙

검문소운영규칙, 경찰기동대운영규칙, 경찰비상업무규칙, 경찰지휘본부운영규칙, 비상소집규칙, 야간통행증발급규칙, 청원경찰법시행규칙, 특수범죄진압규칙, 경찰항공운영규칙, 경찰작전부호표시규칙, 작전지도관리규칙, 예비군무기 · 탄약관리규칙, 전투경찰순경등관리규칙, 전경구타 및 가혹행위근절규칙, 경비수당지급규칙, 동원급식비지급규칙 등이 있다.

제2절 위법(違法)한 경비활동으로 인한 손해배상

1. 공무원의 위법(違法)한 직무행위로 인한 손해배상

국가배상법 제2조는 국가 또는 지방자치단체는 공무원이 그 직무를 집행함에 당하여 고의 또는 과실로 법령에 위배하여 타인에게 손해를 가한 경우 그 손해를 배상하여야 한다고 규정하고 있다.

> **국가배상법**
>
> **제1조 (목적)** 이 법은 국가나 지방자치단체의 손해배상(損害賠償)의 책임과 배상절차를 규정함을 목적으로 한다.
>
> [전문개정 2008.3.14.]
>
> **제2조 (배상책임)** ① 국가나 지방자치단체는 공무원 또는 공무를 위탁받은 사인(이하 "공무원"이라 한다)이 직무를 집행하면서 고의 또는 과실로 법령을 위반하여 타인에게 손해를 입히거나, 「자동차손해배상 보장법」에 따라 손해배상의 책임이 있을 때에는 이 법에 따라 그 손해를 배상하여야 한다. 다만, 군인·군무원·경찰공무원 또는 향토예비군대원이 전투·훈련 등 직무 집행과 관련하여 전사(戰死)·순직(殉職)하거나 공상(公傷)을 입은 경우에 본인이나 그 유족이 다른 법령에 따라 재해보상금·유족연금·상이연금 등의 보상을 지급받을 수 있을 때에는 이 법 및 「민법」에 따른 손해배상을 청구할 수 없다. 〈개정 2009.10.21.〉
>
> ② 제1항 본문의 경우에 공무원에게 고의 또는 중대한 과실이 있으면 국가나 지방자치단체는 그 공무원에게 구상(求償)할 수 있다.
>
> [전문개정 2008.3.14.]

1) 손해배상의 요건

배상책임의 성립요건은 i) 공무원의 직무행위 ii) 고의·과실로 인한 위법행위 iii) 타인에게 손해발생이 있어야 한다.

2) 구상(求償)책임의 문제

국가배상법은 고의 또는 중과실이 있는 때에 국가 또는 지방자치단체는 그 공무원에게 구상할 수 있다고 규정하고 있으므로, 공무원은 고의 또는 중과실이 있는 경우에 한하여 국가 등에 구상(求償)책임을 진다.

2. 영조물(營造物)의 설치 · 관리상의 하자로 인한 손해배상

국가배상법 제5조는 도로, 하천 기타 공공의 영조물의 설치 또는 관리상 하자로 타인에게 손해를 발생하게 하였을 때에는, 국가 또는 지방자치단체는 그 손해를 배상하여야 한다고 규정하고 있으며, 피해자는 영조물(營造物)에 대하여 담당공무원의 관리 소홀을 주장 · 입증할 필요가 없이 영조물(營造物)의 하자(瑕疵)만 입증하면 담당공무원의 과실 여부는 문제 삼지 않고 손해배상을 받을 수 있다.

국가배상법

제5조 (공공시설 등의 하자로 인한 책임) ① 도로 · 하천, 그 밖의 공공의 영조물(營造物)의 설치나 관리에 하자(瑕疵)가 있기 때문에 타인에게 손해를 발생하게 하였을 때에는 국가나 지방자치단체는 그 손해를 배상하여야 한다. 이 경우 제2조제1항 단서, 제3조 및 제3조의2를 준용한다.
② 제1항을 적용할 때 손해의 원인에 대하여 책임을 질 자가 따로 있으면 국가나 지방자치단체는 그 자에게 구상할 수 있다.
[전문개정 2008.3.14.]

3. 관련판례연구

1) 국가의 손해배상책임을 인정한 사례

(1) 부산지법 1992.8.25. 선고 91가합31268

【판시사항】
상설검문서 근무 경찰관이 통행금지 또는 비상경계령이 내려 있지 않는데도 검문소운영요강을 지키지 아니하고 도로상에 방치해둔 바리케이드에 오토바이 운행자가 충돌하여 사망한 경우 국가의 손해배상책임을 인정한 사례

(2) 대법원 1995.11.10. 선고 95다23897 판결

【판시사항】
과도한 시위진압으로 인하여 시위 참가자가 사망한 사안에서, 국가배상책임을 인정하되 시위 참가자에 대하여 30% 과실상계를 한 원심판결을 수긍한 사례

【판결요지】
국가 소속 전투경찰들이 시위진압을 함에 있어서 합리적이고 상당하다고 인정되는 정도로 가능한 한 최루탄의 사용을 억제하고 또한 최대한 안전하고 평화로운 방법으로 시위진압을 하여 그 시위진압 과정에서 타인의 생명과 신체에 위해를 가하는 사태가 발생하지 아니하도록 하여야 하는데도, 이를 게을리한 채 합리적이고 상당하다고 인정되는 정도를 넘어 지나치게 과도한 방법으로 시위진압을 한 잘못으로 시위 참가자로 하여금 사망에 이르게 하였다는 이유로 국가의 손해배상 책임을 인정하되, 피해자의 시위에 참가하여 사망에 이르기까지의 행위를 참작하여 30% 과실상계를 한 원심판결을 수긍한 사례.

(3) 서울지법 1996. 8. 22. 선고 95가합43551 판결

【판시사항】
[1] 전경이 불법시위 해산 과정에서 시위와 무관한 자들을 강제연행한 데 대하여 국가의 손해배상책임을 인정한 사례
[2] 전경이 불법시위 해산 과정에서 대학도서관에 진입한 데 대하여 정신적 충격과 학습권 침해를 이유로 한 위자료지급 청구를 부인한 사례

【판결요지】
[1] 전경들이 서총련의 불법시위 해산 과정에서, 단순히 전경들의 도서관 진입에 항의한 학생 등 시위무관자들을 강제연행한 데 대하여 국가의 손해배상책임을 인정한 사례.
[2] 전경들이 대학도서관에 진입하게 된 것이 불법시위 참가자들의 일부가 도서관으로 도주함에 따라 이를 추적·체포하기 위한 것이었다면, 이는 현행범을 체포하는 데 필요한 행위로서 형사소송법 제216조 제1항 제1호에 의하여 영장 없이 행할 수 있는 경우에 해당하여 적법한 행위라 할 것이고, 대학도서관이라고 하여 같은 조항의 적용이 없다고 할 수는 없다는 이유로, 전경들의 도서관 진입으로 인한 정신적 충격과 학습권 침해를 이유로 한 위자료지급 청구를 부인한 사례.

(4) 대법원 1997. 7. 25. 선고 94다2480 판결

【판시사항】

[1] 국가배상책임의 성립요건으로서의 법령 위반의 의미

[2] 경찰관들의 시위진압에 대항하여 시위자들이 던진 화염병에 의하여 발생한 화재로 인하여 손해를 입은 주민의 국가배상청구를 인정한 원심판결을 파기한 사례

【판결요지】

[1] 국가배상책임은 공무원의 직무집행이 법령에 위반한 것임을 요건으로 하는 것으로서, 공무원의 직무집행이 법령이 정한 요건과 절차에 따라 이루어진 것이라면 특별한 사정이 없는 한 이는 법령에 적합한 것이고 그 과정에서 개인의 권리가 침해되는 일이 생긴다고 하여 그 법령 적합성이 곧바로 부정되는 것은 아니라고 할 것인바, 불법시위를 진압하는 경찰관들의 직무집행이 법령에 위반한 것이라고 하기 위하여는 그 시위진압이 불필요하거나 또는 불법시위의 태양 및 시위 장소의 상황 등에서 예측되는 피해 발생의 구체적 위험성의 내용에 비추어 시위진압의 계속 수행 내지 그 방법 등이 현저히 합리성을 결하여 이를 위법하다고 평가할 수 있는 경우이어야 한다.

[2] 경찰관들의 시위진압에 대항하여 시위자들이 던진 화염병에 의하여 발생한 화재로 인하여 손해를 입은 주민의 국가배상청구를 인정한 원심판결을 법리오해를 이유로 파기한 사례.

* 출처 : 대법원 1997.07.25. 선고 94다2480 판결[손해배상(기)] 〉 종합법률정보 판례

(5) 대법원 1998. 8. 25. 선고 98다16890 판결

【판시사항】

[1] 경찰관의 경찰관직무집행법 제5조에 규정된 권한의 불행사가 직무상의 의무를 위반한 것이 되어 위법한 것으로 되기 위한 요건

[2] 경찰관이 경찰관직무집행법 제5조에 규정된 위험발생방지조치를 취하지 아니하였음을 이유로 국가배상책임을 인정한 사례

【판결요지】

[1] 경찰관직무집행법 제5조는 경찰관은 인명 또는 신체에 위해를 미치거나 재산에 중대한 손해를 끼칠 우려가 있는 위험한 사태가 있을 때에는 그 각 호의 조치를 취할 수 있다고 규정하여 형식상 경찰관에게 재량에 의한 직무수행권한을 부여한 것처럼 되어 있으나, 경찰관에게 그러한 권한을 부여한 취지와 목적에 비추어 볼 때 구체적인 사정에 따라 경찰관이 그 권한을 행사하여 필요한 조치를 취하지 아니하는 것이 현저하게 불합리하다

고 인정되는 경우에는 그러한 권한의 불행사는 직무상의 의무를 위반한 것이 되어 위법하게 된다.

[2] 경찰관이 농민들의 시위를 진압하고 시위과정에 도로 상에 방치된 트랙터 1대에 대하여 이를 도로 밖으로 옮기거나 후방에 안전표지판을 설치하는 것과 같은 위험발생방지조치를 취하지 아니한 채 그대로 방치하고 철수하여 버린 결과, 야간에 그 도로를 진행하던 운전자가 위 방치된 트랙터를 피하려다가 다른 트랙터에 부딪혀 상해를 입은 사안에서 국가배상책임을 인정한 사례.

(6) 광주지법 1999. 7. 1. 선고 98가합6079 판결 : 항소기각

【판시사항】

전투경찰대원이 시위진압 과정에서 최루탄사용에 대한 안전수칙을 지키지 아니하고 시위대 정면을 향하여 최루탄을 발사하여 불법시위 참가자가 실명한 사안에서 전투경찰대원의 직무집행상의 과실로 인한 국가배상책임을 인정하고 시위참가자에 대하여는 30%의 과실상계를 한 사례

【판결요지】

전투경찰대원이 시위진압 과정에서 최루탄사용에 대한 안전수칙을 지키지 아니하고 시위대 정면을 향하여 최루탄을 발사하여 불법시위 참가자가 실명한 사안에서 전투경찰대원의 직무집행상의 과실로 인한 국가배상책임을 인정하고 시위참가자에 대하여는 30%의 과실상계를 한 사례.

(7) 서울중앙지법 2009.10.8. 선고 2008가합101525 판결

【판시사항】

[1] 불법시위를 진압하는 경찰관들의 직무집행이 법령을 위반한 것이라고 하기 위한 요건

[2] 미국산 쇠고기 수입 조치에 항의하는 이른바 '촛불집회'를 진압하는 과정에서 별다른 저항 없이 소극적으로 도로에 누워있던 집회참가자들을 경찰관들이 방패와 곤봉 등으로 폭행하여 상해를 입힌 사안에서, 국가배상책임을 인정하고 다만 피해자들이 시위진압을 방해한 점 등을 참작하여 그 책임을 60%로 제한한 사례

【판결요지】

[1] 국가배상책임은 공무원의 직무집행이 법령을 위반한 것임을 요건으로 하는 것으로서, 공무원의 직무집행이 법령이 정한 요건과 절차에 따라 이루어진 것이라면 특별한 사정이 없는 한 이는 법령에 적합한 것이고 그 과정에서 개인의 권리가 침해되는 일이 생긴다고

하여 그 법령 적합성이 곧바로 부정되는 것은 아니라고 할 것인바, 불법시위를 진압하는 경찰관들의 직무집행이 법령을 위반한 것이라고 하기 위하여는 그 시위진압이 불필요하거나 또는 불법시위의 태양 및 시위 장소의 상황 등에서 예측되는 피해 발생의 구체적 위험성의 내용에 비추어 시위진압의 계속 수행 내지 그 방법 등이 현저히 합리성을 결하여 이를 위법하다고 평가할 수 있는 경우이어야 한다.
[2] 미국산 쇠고기 수입 조치에 항의하는 이른바 '촛불집회'를 진압하는 과정에서 별다른 저항 없이 소극적으로 도로에 누워있던 집회참가자들을 경찰관들이 방패와 곤봉 등으로 폭행하여 상해를 입힌 사안에서, 국가배상책임을 인정하고 다만 피해자들이 시위진압을 방해한 점 등을 참작하여 그 책임을 60%로 제한한 사례.

(8) 창원지법 2008.8.19. 선고 2008가단2374 판결

【판시사항】
이미 관할 경찰청장에 의해 금지통고처분이 내려진 서울시청 앞 광장에서의 집회에 참가하기 위하여 지방에서 상경하려는 사람들에 대해 경찰이 각 지역에서 실시한 상경차단조치가 경찰관직무집행법상의 경찰권 발동 요건을 갖추지 못하는 등 위법한 공무집행에 해당하므로 국가배상책임이 성립한다고 한 사례

【판결요지】
범국민행동조직위원회가 서울시청 앞 광장 등에서 개최하겠다고 신고한 집회에 대해 이미 관할 경찰청장에 의해 금지통고처분이 내려졌음에도 그 집회에 참가하기 위해 지방에서 전세버스를 이용하여 상경하려는 사람들에 대하여 경찰이 각 지역에서 실시한 상경차단조치가, 경찰관집무집행법에 정한 경찰권 발동 요건을 갖추지 못하고 경찰권 행사의 한계를 현저히 벗어난 행위로 위법한 공무집행에 해당하므로 국가는 그로 인한 손해를 배상할 책임이 있다고 한 사례.

2) 국가의 손해배상책임을 부정한 사례

(1) 서울지법 1996. 8. 22. 선고 95가합43551 판결

【판시사항】
[1] 전경이 불법시위 해산 과정에서 시위와 무관한 자들을 강제연행한 데 대하여 국가의 손해배상책임을 인정한 사례
[2] 전경이 불법시위 해산 과정에서 대학도서관에 진입한 데 대하여 정신적 충격과 학습권

침해를 이유로 한 위자료지급 청구를 부인한 사례

【판결요지】
[1] 전경들이 서총련의 불법시위 해산 과정에서, 단순히 전경들의 도서관 진입에 항의한 학생 등 시위무관자들을 강제연행한 데 대하여 국가의 손해배상책임을 인정한 사례.
[2] 전경들이 대학도서관에 진입하게 된 것이 불법시위 참가자들의 일부가 도서관으로 도주함에 따라 이를 추적·체포하기 위한 것이었다면, 이는 현행범을 체포하는 데 필요한 행위로서 형사소송법 제216조 제1항 제1호에 의하여 영장 없이 행할 수 있는 경우에 해당하여 적법한 행위라 할 것이고, 대학도서관이라고 하여 같은 조항의 적용이 없다고 할 수는 없다는 이유로, 전경들의 도서관 진입으로 인한 정신적 충격과 학습권 침해를 이유로 한 위자료지급 청구를 부인한 사례.

(2) 대법원 1997. 7. 25. 선고 94다2480 판결

【판시사항】
[1] 국가배상책임의 성립요건으로서의 법령 위반의 의미
[2] 경찰관들의 시위진압에 대항하여 시위자들이 던진 화염병에 의하여 발생한 화재로 인하여 손해를 입은 주민의 국가배상청구를 인정한 원심판결을 파기한 사례

【판결요지】
[1] 국가배상책임은 공무원의 직무집행이 법령에 위반한 것임을 요건으로 하는 것으로서, 공무원의 직무집행이 법령이 정한 요건과 절차에 따라 이루어진 것이라면 특별한 사정이 없는 한 이는 법령에 적합한 것이고 그 과정에서 개인의 권리가 침해되는 일이 생긴다고 하여 그 법령 적합성이 곧바로 부정되는 것은 아니라고 할 것인바, 불법시위를 진압하는 경찰관들의 직무집행이 법령에 위반한 것이라고 하기 위하여는 그 시위진압이 불필요하거나 또는 불법시위의 태양 및 시위 장소의 상황 등에서 예측되는 피해 발생의 구체적 위험성의 내용에 비추어 시위진압의 계속 수행 내지 그 방법 등이 현저히 합리성을 결하여 이를 위법하다고 평가할 수 있는 경우이어야 한다.
[2] 경찰관들의 시위진압에 대항하여 시위자들이 던진 화염병에 의하여 발생한 화재로 인하여 손해를 입은 주민의 국가배상청구를 인정한 원심판결을 법리오해를 이유로 파기한 사례.

(3) 대법원 1997. 7. 25. 선고 94다2480 판결

【판시사항】

[1] 국가배상책임의 성립요건으로서의 법령 위반의 의미

[2] 경찰관들의 시위진압에 대항하여 시위자들이 던진 화염병에 의하여 발생한 화재로 인하여 손해를 입은 주민의 국가배상청구를 인정한 원심판결을 파기한 사례

【판결요지】

[1] 국가배상책임은 공무원의 직무집행이 법령에 위반한 것임을 요건으로 하는 것으로서, 공무원의 직무집행이 법령이 정한 요건과 절차에 따라 이루어진 것이라면 특별한 사정이 없는 한 이는 법령에 적합한 것이고 그 과정에서 개인의 권리가 침해되는 일이 생긴다고 하여 그 법령 적합성이 곧바로 부정되는 것은 아니라고 할 것인바, 불법시위를 진압하는 경찰관들의 직무집행이 법령에 위반한 것이라고 하기 위하여는 그 시위진압이 불필요하거나 또는 불법시위의 태양 및 시위 장소의 상황 등에서 예측되는 피해 발생의 구체적 위험성의 내용에 비추어 시위진압의 계속 수행 내지 그 방법 등이 현저히 합리성을 결하여 이를 위법하다고 평가할 수 있는 경우이어야 한다.

[2] 경찰관들의 시위진압에 대항하여 시위자들이 던진 화염병에 의하여 발생한 화재로 인하여 손해를 입은 주민의 국가배상청구를 인정한 원심판결을 법리오해를 이유로 파기한 사례.

제 3 장

경비경찰의 조직 및 임무

경찰경비론

제 3 장

경비경찰의 조직 및 임무

제1절 조직운영의 원리

1. 부대단위활동의 원칙	• 경비경찰은 업무의 성격상 개인적 활동보다는 부대단위로 이루어진다. • 부대는 지휘관과 직원 및 대원이 있으며, 그 부대를 관리하기 위한 지휘권과 장비가 편성되며, 임무수행을 위한 보급지원체계를 갖추고 있어야 한다. • 부대단위로 업무가 수행되므로 주로 하명(下命)에 의하여 임무가 이루어지고 부대활동의 성패는 지휘관에 의하여 좌우된다.
2. 지휘관 단일성의 원칙	• 긴급하고 신속한 경비업무의 효율적인 처리를 위하여, 지휘관을 한사람만 두어야 한다는 원칙이다. • 폭동의 진압과 같은 긴급한 상황에서는 지휘관의 신속한 결단과 명확한 지침이 필요하다. • 지휘관 단일성 원칙은 하나의 기관에 하나의 지휘관이란 의미 외에도 하급조직원은 하나의 상급조직에 대하여만 책임을 진다는 의미도 내포하고 있다.
3. 체계통일성의 원칙	• 조직의 정점(頂點)으로부터 말단(末端)에 이르는 계선(系線)을 통하여 상하계급간 일정한 관계가 형성되고, 책임과 임무의 분담이 명확히 이루어지고, 명령과 복종의 체계가 통일되어야 한다는 원칙이다. • 경찰조직간에 체계가 확립되어야만 각 부대간 효율적인 협조와 타 기관과도 상호응원이 가능하게 된다.
4. 치안협력성의 원칙	• 업무수행과정에서 국민의 경찰에 대한 신뢰를 바탕으로 한 국민과 협력을 이루어져야 한다. • 국민이 스스로 협조해 줄 때 효과적으로 목적달성이 가능하며 협력체계를 조성하는 것은 어디까지나 임의적으로, 강제적 협조는 아니된다.

제2절 경비경찰의 기초적 활동

1. 경비정보활동

1) 경비정보활동의 의의

- 경비정보활동은 경비활동 전체의 기초가 된다.
- 우리나라의 경우 경비정보의 수집 등의 활동은 거의 정보부서에서 사회반, 종교반, 학원반 등을 설치하여 분야별로 담당하고 있다.

  예 일본은 경비정보수집을 정보기능이 아니라 경비기능에서 담당하고 있다.

2) 경비정보활동의 한계

- 경찰관직무집행법 제2조에는 치안정보의 수집·작성 및 배포를 경찰의 업무범위에 포함시켜 실정법적인 근거를 마련하고 있다.
- 경비정보활동의 근본적인 활동기준은 필요성, 상당성, 타당성을 들 수 있다.

경찰관직무집행법

제2조(직무의 범위) 경찰관은 다음 각 호의 직무를 수행한다.

1. 국민의 생명·신체 및 재산의 보호
2. 범죄의 예방·진압 및 수사
3. 경비, 주요 인사(人士) 경호 및 대간첩·대테러 작전 수행
4. 치안정보의 수집·작성 및 배포
5. 교통 단속과 교통 위해(危害)의 방지
6. 외국 정부기관 및 국제기구와의 국제협력
7. 그 밖에 공공의 안녕과 질서 유지

[전문개정 2014.5.20.]

- 경비정보의 수집활동은 원칙적으로 헌법과 법률이 정한 범위내에서 행하여져야

하나, 입법기술상의 문제나 경찰업무의 다양성, 특성 등을 고려해 볼 때 모든 상황을 예상하여 법제화하는 것은 불가능하다.

- 구체적인 수권규정(授權規定)이 없는 경우 국민의 생명・신체 및 재산을 보호하고 공공의 안녕과 질서유지 등을 경찰의 임무로 규정한 경찰법 제3조(국가경찰의 임무)와 경찰관직무집행법 제2조(직무의 범위)를 일반조항으로 보아, 구체적인 근거법규가 없더라도 경찰목적을 달성하기 위한 범위내에서 경비정보의 수집활동은 가능하다고 보아야 한다.

경찰법

제3조(국가경찰의 임무) 국가경찰의 임무는 다음 각 호와 같다. 〈개정 2014.5.20.〉

1. 국민의 생명・신체 및 재산의 보호
2. 범죄의 예방・진압 및 수사
3. 경비・요인경호 및 대간첩・대테러 작전 수행
4. 치안정보의 수집・작성 및 배포
5. 교통의 단속과 위해의 방지
6. 외국 정부기관 및 국제기구와의 국제협력
7. 그 밖의 공공의 안녕과 질서유지

[전문개정 2011.8.4.]

- 다만 이 경우에도 조리상(條理上)의 원칙(原則)을 적용하여 필요성, 상당성, 타당성의 범위내에서 경비정보를 수집하여야 한다.
- 경비정보는 공작적 성격이 강한 무(無)에서 유(有)를 창조한다는 식의 정보수집은 허용되지 아니하며, 경비정보는 경비목적으로, 방법론적으로는 비밀성이 요구된다.

2. 경비홍보활동

1) 경비홍보의 의의

- 경비홍보(Public Relation)활동은 조직을 둘러싸고 있는 경비환경에 대하여 이해와 지지를 얻으려는 활동이다.
- 경비환경과의 지속적인 우호관계를 유지하고 경비환경에 대한 대처능력을 함양시키기 위한 의식적이고 조직적인 노력이다.
- 사람들이 조직에 바라는 것이 무엇인가 또는 조직의 정책과 활동을 어떻게 생각하는가를 조사・분석하여 다시 정책에 반영시키는 의지를 내포한 것으로써, 조직의 이익만을 위하여 활동하는 선전(宣傳)이나 광고(廣告)와는 다르다.
- 일반적으로 행정학에서의 홍보활동의 특성으로는 상호교류성, 객관성, 수평성, 의무성, 교육성 등을 들 수 있는데 경비홍보활동도 위와 같은 특성을 가지고 있다고 보아야 한다.
- 다만 경찰의 업무특성상 경고의 성격을 띤 선무(宣撫)방송을 실시하는 경우가 많은데, 선무방송을 통한 해산명령은 강제처분행위에 해당되므로, 선무방송을 경찰의 경비홍보활동에 포함시키게 되면 어느 정도 강제성을 띠게 되어 이점에서 일반행정기관의 홍보활동과 차이가 있게 된다.

2) 경비홍보의 실시방안

치안경비홍보	치안면에서 평소에 일상적으로 실시하는 홍보
사안(事案)경비홍보	특정한 경비활동의 대상에 따른 사안(事案)에 따른 홍보
사전(事前)홍보	대규모 집회가 예정되어 있을 때 집회장소에 대한 교통의 혼잡이나 인근 주민의 피해가 최소화 되도록, 매체를 통하여 실시하는 홍보로, 특정한 경비활동에 앞서서 일상적으로 실시되는 일반적인 홍보활동
직전(直前)홍보	경찰의 실력행사가 있기 직전(直前)에 대상자에게 경고의 성격을 띤 홍보로, 서로 입장을 바꾸어 생각할 수 있는 기회를 제공하여, 불법행위를 방지하는 수단으로써 실시하는 홍보

동시(同時)홍보	실력행사를 실시하는 와중에 실시하는 홍보로, 통상 가스차에 부착된 고성능 마이크를 통한 경고방송
직후(直後)홍보	사태의 수습직후의 현장에서 관계자의 심적인 안정을 도모하고 제2의 사태가 발생되지 않도록 실시하는 홍보로, 경찰력행사의 정당성(正當性), 부상자의 구호조치 상황 등을 알리는 홍보
후속(後續)홍보	직후홍보에 이어서 사태의 진상을 상세히 조사하고 규명하여 후일 적당한 시기에 홍보하여, 추후의 경비사태의 발생을 예방할 수 있는 홍보

[그림 3-1] 경찰홍보대사 1

[그림 3-2] 경찰홍보대사 2

제3절 경비경찰의 수단

1. 경비수단의 원칙[1]

경비수단이란 경비대상범죄의 신속한 진압과 질서유지를 목적으로 실력행사를 하는 것이다.

1) 균형의 원칙	• 경비수단으로 경비력(警備力)을 행사할 때에는 경력운용(警力運用)을 균형있게 하여야 한다는 원칙 • 경비사태의 상황과 대상에 따라 주력주대와 예비부대를 유효적절하게 활용, 한정된 경력(警力)을 가지고 최대의 성과를 올릴 수 있도록 하여야 함.
2) 위치의 원칙	• 경비사태에 실력행사를 할 경우에 유리한 지점과 위치를 확보하여야 한다는 원칙. • 상대하는 군중보다 유리한 지점과 위치를 선점(先占)하는 것이 작전수행이나 진압을 용이하게 하며, 지형(地形)을 무시하고 유리한 곳을 선점(先占)하지 못하였을 경우 경비사태의 효과적인 처리가 어렵게 됨.
3) 적시(適時)의 원칙	• 특정한 경비상황의 가장 적절한 시기에 실력을 가해야 한다는 원칙. • 상대방의 기세와 힘이 미처 살아나지 못할 때나 힘이 빠져서 저항력이 가장 허약한 시점을 포착하여, 시기를 놓치지 않고 적절한 실력행사를 함으로써 효율적인 업무를 수행해야 할 것임.
4) 안전의 원칙	• 경비사태 발생시 경비병력이나 군중들을 사고없이 안전하게 진압해야 한다는 원칙. • 작전시의 변수는 새로운 큰 사회적 물의를 야기할 우려가 있으므로, 안전성에 특히 유의해야 함.

2. 경비수단의 종류

- 경비수단은 간접적 실력행사인 경고(警告)와 직접적 실력행인 제지(制止)와 체포(逮捕)로 구분할 수 있다.
- 실력행사에는 정해진 순서는 없으며, 주어진 경비상황이 경비수단의 행사요건에 해당되는지 여부에 따라서 적절히 행사하면 되는 것이다.

---

1) 경찰대학 교재편찬위원회, 경비경찰론, 1998 : 146-147, 경찰대학.

1) 경고(警告)

- 경고는 경비부대를 전면에 배치 또는 진출시켜 위력을 과시하거나 경고하여 범죄실행의 의사를 자발적으로 포기하도록 하는 간접적 실력행사이다.
- 필요한 경우에 관계자에게 주의를 주고 일정한 행위를 촉구하는 사실상의 통지행위(通知行爲)이며, 임의처분에 해당되는 것으로 경찰관직무집행법 제5조(위험발생의 방지)에 근거한다.

경찰관직무집행법

제5조(위험 발생의 방지 등) ① 경찰관은 사람의 생명 또는 신체에 위해를 끼치거나 재산에 중대한 손해를 끼칠 우려가 있는 천재(天災), 사변(事變), 인공구조물의 파손이나 붕괴, 교통사고, 위험물의 폭발, 위험한 동물 등의 출현, 극도의 혼잡, 그 밖의 위험한 사태가 있을 때에는 다음 각 호의 조치를 할 수 있다.

1. 그 장소에 모인 사람, 사물(事物)의 관리자, 그 밖의 관계인에게 필요한 경고를 하는 것
2. 매우 긴급한 경우에는 위해를 입을 우려가 있는 사람을 필요한 한도에서 억류하거나 피난시키는 것
3. 그 장소에 있는 사람, 사물의 관리자, 그 밖의 관계인에게 위해를 방지하기 위하여 필요하다고 인정되는 조치를 하게 하거나 직접 그 조치를 하는 것

② 경찰관서의 장은 대간첩 작전의 수행이나 소요(騷擾) 사태의 진압을 위하여 필요하다고 인정되는 상당한 이유가 있을 때에는 대간첩 작전지역이나 경찰관서・무기고 등 국가중요시설에 대한 접근 또는 통행을 제한하거나 금지할 수 있다.

③ 경찰관은 제1항의 조치를 하였을 때에는 지체 없이 그 사실을 소속 경찰관서의 장에게 보고하여야 한다.

④ 제2항의 조치를 하거나 제3항의 보고를 받은 경찰관서의 장은 관계 기관의 협조를 구하는 등 적절한 조치를 하여야 한다.

[전문개정 2014.5.20.]

① 경고는 경찰목적 달성을 위하여 행하여지는 것으로 그 방법은 목적에 비추어 상당(相當)하여야 한다.

② 경고는 관계자에게 주의를 주는 것으로 관계자는 위해를 받을 우려가 있는 자,

위해방지조치를 강구해야할 입장에 있는 자, 범죄를 행하려하는 자 등이며, 주의(主意)는 구두(口頭), 문서(文書), 게시(揭示)의 방법 등으로 발한다.

③ 경고는 임의처분으로, 임의처분이라도 경찰권의 행사는 필요성과 상당성을 조건으로 필요최소한도에 그쳐야 한다는 경찰비례의 원칙이 적용되어야 한다.

④ 행동에 의한 경고이다. 원래 경고는 문서・구두(口頭)에 의한 것이 통상적이다.

2) 제지(制止)

- 제지는 경비사태를 예방・진압하기 위하여 발(發)하는 강제처분이다.
- 세력분산・통제파괴・주동자 및 주모자의 격리 등을 실시하는 직접적 실력행사로, 경찰관직무집행법 제6조에 근거하고 있으며, 즉시강제에 해당하는 강제처분 행위이다.

경찰관직무집행법

제6조(범죄의 예방과 제지) 경찰관은 범죄행위가 목전(目前)에 행하여지려고 하고 있다고 인정될 때에는 이를 예방하기 위하여 관계인에게 필요한 경고를 하고, 그 행위로 인하여 사람의 생명・신체에 위해를 끼치거나 재산에 중대한 손해를 끼칠 우려가 있는 긴급한 경우에는 그 행위를 제지할 수 있다.

[전문개정 2014.5.20.]

- 즉시강제에 해당되는 강제처분이라는 점에서, 의무의 불이행을 전제로 하는 행정상 강제집행과는 구별된다.
- 강제처분이라는 점에서 제지행위는 법률에 근거를 두어야 하며, 경찰비례의 원칙의 엄격한 적용이 요구된다.

① 제지의 방법은 위법행위의 태양(態樣), 피해법익의 경중(輕重), 위험의 긴박성, 상대방의 저항 등 구체적 상황을 고려하여 행사되어야 하며, 반드시 필요한 한

도 내에서 그쳐야 한다.

② 제지의 방법으로 해산명령을 발(發)하거나 또는 실력으로 해산시킬 수 있다. 다만, 해산명령의 경우 대상자의 자발적 해산을 기대하며, 해산하지 아니하는 경우 강제로 해산시키겠다는 경고의 뜻도 포함되어 있다.

③ 제지행위시에 무기를 사용하는 경우가 있다. 다만, 무기사용시에는 무기사용요건에 해당되어야 하며, 합리성의 원칙, 필요성의 원칙, 상당성의 원칙, 보충성의 원칙 등이 엄격히 적용되어야 한다.

3) 체포(逮捕)

- 체포란 상대방의 신체를 구속하는 강제처분이며 직접적 실력행사이다.
- 형사소송법 제212조에 근거를 두고 있다.

> **형사소송법**
>
> **제212조(현행범인의 체포)** 현행범인은 누구든지 영장없이 체포할 수 있다.

[그림 3-3] 경찰체포

제 4 장

혼잡(행사안전)경비 및 선거경비

경찰경비론

제4장 혼잡(행사안전)경비 및 선거경비

제1절 혼잡(행사안전)경비

1. 혼잡경비의 의의

- 혼잡경비는 대규모의 공연, 기념행사, 경기대회, 제례의식 등 기타 각종 행사를 위해 모인 미(未)조직된 군중에 의하여 발생되는 자연적인 혼란상태를 사전에 예방하거나 경계하고, 위험한 사태가 발생한 경우에는 신속히 조치하여 확대되는 것을 방지하는 경비경찰활동이다.

2. 혼잡경비의 실시 절차

1) 혼잡경비계획의 수립	• 모든 발생가능한 상황을 예상하여 치밀한 계획을 수립하고, 행사장의 여건, 주민성향 등을 고려하여 경력(警力)대비를 한다. • 통상적으로 중요한 행사의 경우에는 3선(線) 개념에 의한 경력배치를 하고, 수익성 행사는 주최측의 안전요원 위주로 배치한다. • 경찰은 우발사태 대비개념으로 운용하고, 경찰 CP는 행사장 전체를 조망·관리할 수 있는 장소에 운영한다.

2) 부대의 편성과 배치	• 현지상황에 적합한 부대를 편성한다. • 부대는 군중이 입장하기 전에 사전에 배치하고, 경력(警力)은 단계별로 탄력적으로 운용한다. • 행사장 내부는 상황에 따라서 분·소·중대 단위로 운영한다. • 관중석에 배치되는 예비대는 단시간 내에 혼란예상지역에 도달할 수 있도록 통로주변 등에 배치한다.
3) 혼잡경비시 일반적인 경력배치 요령	• 치안상 문제없는 행사는 가급적 경찰의 배치를 지양한다. • 치안상 문제가 있는 행사는 1차로 정보·교통요원 등 최소로 경력(警力)을 배치하고, 2차로 우발사태에 대비하여 예비대를 행사장 주변에 배치, 3차로 행사장 내부 등에 적정한 경력(警力)을 배치한다.

[그림 4-1] 혼잡경비

수익자부담의 원칙

수익자부담의 원칙이란 프로 스포츠, 은행 등 영리를 목적으로 하는 사업에 대한 경비활동은 경영주가 민간경비요원을 채용하여 1차적으로 실시하고, 국민의 세금으로 운영되는 경찰의 개입은 공공의 안녕을 위협할 특별한 상황이 발생시에만 필요최소한도로 개입이 허용된다는 원칙이다.

이는 주로 프로 경기 등에서 타당성이 있는 것으로, 올림픽, 월드컵 등과 같은 국가적인 행사에는 적용키 어려우나, 개인의 영리를 목적으로 하는 대규모 스포츠 경기나 연예인의 공연 등에는 엄격히 적용되어야 한다.

[그림 4-2] 혼잡경비와 수익자 부담의 원칙

3. 군중정리의 원칙

1) 군중심리의 일반적 특징

피(被)암시성	군중은 유언비어 등을 쉽게 믿고 사물에 대한 정확한 판단이 어려워져, 타인의 암시에 따른 행위를 쉽게 하게 된다
충동성과 변이성(變異性)	군중은 충동적으로 행동하고, 외계의 자극을 행동에 반영한다
감정의 과장성과 단순성	군중의 감정은 암시에 의해서 급속히 전파되어 상호간에 동일한 정서를 갖게 되므로, 생각이 단순해지고, 감정이 강화・과장되어 나타난다
편협성과 전횡성	군중은 스스로 절대적인 힘을 가지고 있다고 생각하여, 다른 사람의 반대의견을 허용하지 않는다.

암시[suggestion, 暗示]

- 어떤 자극이나 작용에 대하여 이성에 호소함이 없이 수동적 ・무비판적으로 반응하는 과정. 심리학용어.
- 암시는 최면상태에서 행해질 때도 있고 각성(覺醒) 상태에서 행해질 때도 있다. 피암시자(被暗示者)는 암시자의 언사나 행위를 무비판적으로 받아들이며 그것이 타인으로부터 전해진 것이라는 생각을 하지 않고 마치 자기 자신이 생각해낸 것 같이 믿고 거의 자동적 ・일방적

으로 어떤 태도를 취하거나 판단을 내린다.

- 암시는 특정 개인이 행할 때도 있지만 어떤 집단이 암시를 주는 경우도 있다. 또한 자기 자신이 암시자가 되어 자기자신이 주는 자극에 반응하여 암시를 받는 수도 있다. 이것을 자기암시라고 한다.
  예 어떤 사소한 신체적 징후(徵候)를 발견하고는 마치 중병에라도 걸린 것 같이 생각하고 자리에 누워버리는 것
- 일반적으로 암시현상은 자아의 축소성(縮小性)과 이에 따르는 비판력의 상실에 기인하는 것이므로 지능이나 교양의 정도가 높은 피암시자보다 낮은 피암시자의 피암시성이 크다고 믿어졌다. 그러나 피암시성은 암시자와의 관계, 자극의 성질이나 내용, 환경의 상황 등 모든 조건에 의하여 영향을 받게 되는 것이므로 일률적으로 규정할 수는 없다. 암시를 세뇌, 군중 심리조작에 기술적으로 이용하며 임상심리학자들은 일종의 심리요법으로도 이용한다.

＊출처 : 두산백과

피(被)암시성(suggestibility)

피(被)암시성(suggestibility)이란 암시를 받아들인 결과, 의식적 또는 무의식적으로 자신의 의견 또는 태도를 변경하는 것으로, 군중에 속한 개인은 타인의 행동에 보다 민감해지고 쉽게 영향을 받아 비정상적인 행동을 한다는 것이다.

2) 군중정리의 원칙

밀도의 희박화	• 제한된 면적에서 사람이 많이 모이면 충돌현상이 나타나고 혼잡이 야기되어 거리감과 방향감각을 잃고 혼란한 상태에 이르므로, 제한된 장소에 가급적 많은 사람이 모이는 것을 회피케 한다. • 대규모 군중이 모이는 장소는 사전에 블럭(block)화한다.
이동의 일정화	• 군중들은 현재의 자기 위치와 갈 곳을 잘 알지 못함으로써 불안감과 초조감을 갖게 되므로, 일정 방향으로 일정한 속도로 이동시켜 주위의 상황을 파악할 수 있는 여건을 조성한다.
경쟁적 사태의 해소	• 경쟁적 사태는 남보다 먼저 갈려고 하는 군중의 심리상태로 순서에 의하여 움직일 때 순조롭게 모든 일이 잘 될 수 있다는 것을 납득시켜야 한다. 예 차분한 목소리로 안내방송을 하는 것
지시의 철저	• 사태가 혼잡할 경우 계속적이고도 자세한 안내방송으로 지시를 철저히 해서, 혼잡한 사태를 정리하고 사고를 미연에 방지할 수 있다.

[그림 4-3] 군중의 시위

4. 혼잡경비 활동상의 주의사항1)

1) 적정한 부대배치	• 현지상황에 적합한 경비부대를 편성·배치한다. • 각 단위부대간의 임무와 상호연락 및 지휘본부, 예비대의 위치결정과 협동지원요령을 명시하여야 한다. • 지휘관은 지휘본부의 위치와 연락통신망을 구성하고 진두지위를 하여야 하며, 예비대는 돌발사태 발생시 지휘관이 직접 지휘할 수 있도록 하고 긴급출동할 수 있는 장소에 대기시켜야 한다.
2) 냉정(冷靜)한 임무수행	• 혼잡경비에 있어서 여하한 돌발사태에도 침착·과감·용감히 대처하여, 군중에 동요됨이 없이 냉정한 임무를 수행하여야 한다. • 군중의 흥분이나 동요에도 제압당하지 않는 강인한 정신력과 의연한 자세가 무엇보다도 중요하다.
3) 적정한 통제	• 군중의 통제에 있어서 정도 이상의 지나친 통제는 군중의 반발과 항의를 초래하게 되는 경우가 있으므로, 상황에 맞는 적정한 통제가 무엇보다도 중요하다. • 통제시에는 최대한 밝은 표정과 친절한 태도로 임하며, 통제사유를 설명하며 자연스럽게 수행하여야 한다.

1) 경찰대학 교재편찬위원회, 경비경찰론, 1998 : 169-171, 경찰대학.

4) 기상조건에 따른 대비	• 혼잡경비의 사전검토사항에서 적시된 기상조건에 따른 대비책을 강구하여야 한다. 예 갑자기 소나기가 오거나 태풍이 몰아칠 때 야기 될 수 있는 혼란에 대비한 대피시설의 확보, 비상구 활용, 방송시설을 이용한 유도책 등을 강구하여야 한다.

5. 사고발생시 처리

1.초동조치(初動措置)	• 사고현장으로 즉각 출동하여 더 이상 확산되지 않도록 초동조치를 취한다.
2. 예비대의 출동	• 미리 준비된 예비대를 즉각 출동시켜, 안전사고의 수습을 위한 조치를 실시한다.
3. 차단조치(遮斷措置)	• 외부인이 사고현장에 접근하지 못하도록 차단조치를 한다
4. 긴급구호조치	• 화재발생의 경우에는 준비된 소방차를 요청하고, 신체적 위해가 발생한 상황이면 구급반을 요청하여 즉각적인 구호조치를 취한다.
5. 지원요청	• 사고처리를 위한 각종 관련부서의 지원을 요청, 협조체제하에 사고처리를 마무리 한다

6. 공연법

제1조(목적) 이 법은 예술의 자유를 보장함과 아울러 건전한 공연활동의 진흥을 위하여 공연에 관한 사항을 규정함을 목적으로 한다.

제11조(재해예방조치) ① 공연장운영자는 화재나 그 밖의 재해를 예방하기 위하여 그 공연장 종업원의 임무・배치 등 재해대처계획을 수립하여 매년 관할 특별자치시장・특별자치도지사・시장・군수・구청장에게 신고하여야 한다. 이 경우 특별자치시장・특별자치도지사・시장・군수・구청장은 신고받은 재해대처계획을 관할 소방서장에게 통보하여야 한다. 〈개정 2015.5.18.〉

② 관할 특별자치시장・특별자치도지사・시장・군수・구청장은 제1항에 따른 신고를 받은 경우에 필요하다고 인정되는 때에는 해당 재해대처계획에 대하여 보완을 요구할 수 있다. 이 경우 공연장운영자는 정당한 사유가 없으면 이에 따라야 한다. 〈신설 2015.5.18.〉

③ 공연장 외의 장소에서 대통령령으로 정하는 규모의 관람자가 있을 것으로 예상되는 공연을 하려는 자의 재해예방조치에 관하여는 제1항을 준용한다. 〈개정 2015.5.18.〉

④ 제1항 및 제3항에 따른 재해대처계획에는 제11조의2부터 제11조의4까지에 해당하는 안전관리비, 안전관리조직, 안전교육에 관한 사항이 포함되어야 한다. 〈신설 2015.5.18.〉

⑤ 그 밖에 공연장의 재해예방조치에 필요한 사항은 대통령령으로 정한다. 〈개정 2015.5.18.〉

[전문개정 2011.5.25.]

[시행일 : 2016.5.19.] 제11조제4항

시행령 제9조(재해대처계획의 신고 등) ① 법 제11조제1항에 따른 재해대처계획에는 다음 각 호의 사항이 모두 포함되어야 한다. 〈개정 2016.5.17.〉

1. 공연장 시설 등을 관리하는 자의 임무 및 관리 조직에 관한 사항
2. 비상시에 하여야 할 조치 및 연락처에 관한 사항
3. 화재예방 및 인명피해 방지조치에 관한 사항
4. 법 제11조의2부터 제11조의4까지의 규정에 해당하는 안전관리비, 안전관리조직 및 안전교육에 관한 사항

② 법 제9조제1항에 따른 공연장운영자(이하 "공연장운영자"라 한다)는 법 제11조제1항에 따라 다음 연도의 재해대처계획을 수립하여 매년 12월 31일까지 관할 특별자치시장·특별자치도지사·시장·군수·구청장에게 신고하여야 하며, 신고한 재해대처계획을 변경하려는 경우에는 그 계획을 적용하기 전에 변경신고를 하여야 한다. 다만, 공연장운영자가 법 제9조제1항에 따라 공연장을 등록하는 경우에는 공연장 등록 신청과 함께 해당 연도의 재해대처계획을 신고하여야 한다. 〈개정 2015.11.18., 2016.5.17.〉

③ 공연장 외의 시설이나 장소에서 1천명 이상의 관람이 예상되는 공연을 하려는 자는 법 제11조제3항에 따라 해당 시설이나 장소 운영자와 공동으로 공연 개시 7일 전까지 제1항 각 호의 사항과 안전관리인력의 확보·배치계획 및 공연계획서가 포함된 재해대처계획을 관할 특별자치시장·특별자치도지사·시장·군수 또는 구청장에게 신고하여야 하며, 신고한 사항을 변경하려는 경우에는 해당 공연 3일 전까지 변경신고를 하여야 한다. 〈개정 2015.11.18.〉

[전문개정 2011.11.25.]

제2절 선거경비

1. 선거경비의 의의

- 각종 선거시 후보자에 대한 완벽한 신변보호와 유세장 및 투・개표장 등에서 선거와 관련된 폭력, 난동, 테러 등 선거방해 요소를 사전에 예방・경계・제거함으로써, 평온한 선거가 실시되도록 치안질서를 유지하는 것을 말한다.
- 선거경비는 혼잡경비, 특수경비, 경호경비, 다중범죄진압 등 종합적인 경비활동이 요구되는 경비활동이다.

2. 후보자의 신변보호

1) 대통령선거후보자의 신변보호

- 대통령선거후보자는 을(乙)호 경호대상으로, 후보자등록시부터 당선확정시까지 실시한다.
- 대통령으로 당선이 확정된 자는 갑(甲)호 경호의 대상이다. 따라서 후보자의 요청에 따라 신변경호대를 편성・운영하며, 유세장・숙소 등에 대하여 24시간 실시한다.
- 후보자가 경호를 원하지 않더라도 경호경험이 있는 자로 선발된 직원을 항상 대기시켜 유세기간 중 근접배치한다.

2) 국회의원 후보자 및 지방자치단체장의 신변보호

각 선거구를 관할하는 경찰서에서, 후보자가 원할 경우 전담경호원을 2~3명 정도 배치한다.

3. 개표소 경비

1) 3선(線) 개념에 의한 경비

제1선(개표소 내부)	• 개표소 내부는 선관위원장의 책임하에 질서를 유지한다. • 개표소 내부에 질서문란행위가 발생한 경우 선관위장의 요청이 있는 경우에만 경찰력을 투입하고 개표소 내부의 질서가 회복되거나 선관위장의 요구가 있을 때는 퇴거한다. • 개표소 내부의 사전 안전검측 및 유지는 선관위와 협조하여 경찰에서 보안안전팀을 운영하여 실시한다.
제2선(울타리 내곽)	• 2선에서는 선관위와 합동으로 출입자를 통제하고, 2선의 출입문은 되도록 정문만을 사용하고 기타 출입문은 시정한다.
제3선(울타리 외곽)	• 검문조・순찰조를 운영하여, 위해기도자 접근을 차단한다.

2) 보안안전팀과 채증(採證)요원의 운영

• 선관위와 협조하여 경찰에서 보안안전팀을 운영한다.

• 개표소 내・외곽에 대한 사전 안전검측을 실시, 안전을 유지하고, 채증요원을 배치하여 운용한다.

3) 우발사태의 대비

• 개표소별로 예비대를 확보한다.

• 소방, 한전 등 관계요원을 대기시켜 자가발전시설이나 예비조명기구를 확보하여 화재・정전사고 등에 대비한다.

제 5 장

치안경비와 집회 · 시위의 관리

경찰경비론

제 5 장

치안경비와 집회 · 시위의 관리

제1절 치안경비와 집회 · 시위의 관리

1. 다중범죄의 의의

1) 다중범죄의 개념

- 다중범죄란 정치, 경제, 사회, 문화적 요인 또는 특정집단의 주의, 주장, 요구, 조건 등을 관철할 목적으로 나타나는 시위, 소요, 폭동 등 범죄행위를 말한다.

시위	• 다수인이 공동목적을 가지고 도로, 기타 옥외장소로 행진하여 위력 또는 기세를 보여 불특정 다수인의 의견에 영향을 주거나 제압을 가하는 행위
소요	• 형법 제115조의 '소요죄'의 '소요(騷擾)'로서 다중이 집합하여 폭행, 협박 또는 손괴행위
다중	• 다수인의 집합으로 공안침해의 위험성을 고려하여 폭행, 협박, 손괴행위에 의하여 일지방(一地方)의 평온을 해할 수 있는 정도이며 다수임을 필요로 함
폭동	• 다중이 집합하여 일지방(一地方)의 평온을 해할 정도의 폭행, 협박하는 것 폭행, 협박은 최광의로 해석 • 다중은 어느 정도 조직적인 것 • 단순히 조직없는 오합지졸(烏合之卒)에 의한 것은 해당되지 않음 • 폭동이 일지방(一地方)의 평온을 해할 정도에 이르렀을 때 기수(旣遂) • 실제로 평온을 해했거나 국토참절, 국헌문란의 목적달성 여부는 필요없음

2) 다중범죄의 특징

최근 발생하는 다중범죄는 발생장소의 다양화, 각종 욕구의 다양성, 다중행태의 예측불가능성, 공권력의 무력화 시도 등의 양상을 띠고 있다.

3) 다중범죄의 중요성

사회적 측면	• 해당지역의 질서를 치안부재상태로 마비시켜 극도로 문란케 한다. • 진압하기 위하여 많은 경찰력 투입으로 일반경찰활동에 공백을 가져와 치안유지에 취약성 가중
정치적 측면	• 정치압력 단체로 건전한 정치활동을 방해 • 야당 및 소수정당이 다중범죄 세력을 비호하거나 이를 이용하려 할 때 파벌과 항쟁으로 국정운영에 위협
경제적 측면	• 생산활동의 위축과 물가의 앙등으로 인한 유통질서의 파괴로 민심의 악화초래 • 특히 개발도상국에 있어서는 국내 치안상태의 불안으로 인한 외국 투자선의 단절과 수출의 부진 등 경제성장의 둔화

4) 다중범죄의 정책적 치료법

선수승화법 [先手昇華法]	• 특정사안의 불만집단에 대한 정보활동을 강화하여 사전에 불만 및 분쟁요인을 찾아내어 해소시켜주는 방법
전이법 [轉移法]	• 다중범죄의 발생징후나 issue[1]가 있을 때 집단이나 국민들의 관심을 집중시킬 수 있는 경이적인 사건을 폭로하거나 규모가 큰 행사를 개최함으로써, 원래의 issue가 상대적으로 약화되도록 하는 방법 예 대규모 집회가 예상되는 때를 맞춰 동일 시간대에 국제적인 행사(A매치 축구경기 등)를 개최
지연정화법 [遲延淨化法]	• 불만집단의 고조된(흥분된) 주장을 시간을 끌어 이성적으로 생각하고 판단할 기회를 주어 정서적으로 감정을 둔화(약화)시켜서 흥분을 가라앉히게 하는 방법
경쟁행위법 [競爭行爲法]	• 불만집단과 반대되는 대중의 의견을 부각시켜 불만집단이 스스로 해산 또는 분산되도록 하는 방법 예 철도파업에 따른 국민들의 불만이 가중되자 철도노조원 스스로가 파업을 철회한 경우

1) issue란 논쟁의 여지가 있는 문제를 말한다.

2. 다중범죄진압(치안경비)

1) 연혁

(1) 미육군

- 1937년, 미육군 보병장교인 '스탈린 무드' 중령이 점령지구의 원주민 폭동을 진압하기 위하여 행정연구서로서 미국무성에 제출한 것이 최초의 연구서, 미육군 야전교범에 채택

(2) 한국국립경찰

- 1955년, 내무부훈령 제81호, 경찰훈련교법 제11장 폭동진압법으로 수록
- 1965년, 내무부 훈령 제54호, 일부개정하여 진압시 총기를 사용치 않고 경찰봉과 가스장비로만 진압토록 규정
- 1994년, 경찰청 경비 63400-1789에 의거 중형 진압봉술을 추가

(3) 경비교통과

- 다중범죄의 진압, 비상경비, 요인 경호, 경찰작전 및 대테러 관련 업무, 중요 시설의 방호, 운전면허 행정처분, 교통관제 및 교통안전시설물의 설치와 유지, 교통사범 지도단속, 교통소통 대책 마련 등의 업무를 수행한다.

(4) 정보과

정보의 수집과 분석 업무를, 보안과는 보안 사건 및 외국인 관련 범죄의 수사를 각각 담당한다.

2) 진압의 기본원칙

- 다중범죄의 진압은 해산에 있음

  예 옥상이나 군중에서 현재 군중의 위치와 가장 가까운 거리에서 빠져나갈 통로를 정하고 진압부대의 실력적 공격으로 밀어내어 분산진압하여야 할 것이다.

세력분산 및 통제파괴	대형공격이나 가스탄 사용으로 집단사용을 혼란시켜 그 지휘 세력을 분열 둔화시키며 수개 통로로 분해하여 집단력을 약화시켜서 해산하는 방안이다.
배제	다중범죄는 특정업소에서만이 목적을 달성할 수 있는 경우가 있어 그 목적지에 집결하는 일이 많다. 이런 경우에는 그 집단을 그 장소에 오지 못하도록 중간에서 차단하여 그 장소적 배제를 이루어 목표를 잃게 하는 것이다.
선동자, 주모자의 격리 검거	다중범죄는 특정한 지휘자의 선동에 의하여 이루어지는 경우가 많다. 또는 악질적인 중대범죄를 감행할 경우 그 주모자나 선동자를 격리 검거함으로써 집단력을 약화시키게 되어 조기진압이 가능할 게 된다.
방어	중요시설, 기관 등 보호대상물에 상대방이 적극적인 공격으로 피탈방화를 기도화하는 경우 진압부대의 열세시에는 바리케이트 등으로 방어조치를 취하는 방책이다.

3) 데모유형별 대비

연좌데모	체포・수송수단을 강구하여 멀리 떨어진 지역관서에 연행하며, 무술 사복요원 2~4인조 편성
투석시	방석복, 방석모로 대비
분신자살	분말소화기 사용

[그림 5-1] 데모, 투석 1

[그림 5-2] 데모, 투석 2

물대포	소방호스 수준의 높은 압력의 물을 뿌리는 장치이다. 화재를 막는 소방을 위해, 또는 경찰이 시위나 다중범죄를 진압하기 위해 쓰인다. 방수포(放水砲), 물포(-砲)라고도 한다.
미국의 사례	트럭을 이용한 물대포는 미국에서 1960년 폭동을 진압하기 위하여 쓰였다. 총기와 최루탄, 진압봉보다는 안전한 진압도구였지만, 미국에서는 이후 새로운 장비의 개발, 안전성 논란 등으로 인하여 쓰이지 않게 되었다.

대한민국의 사례	서울지방경찰청은 물대포가 경찰이 사용하는 진압 장구 중에서 가장 안전하다고 주장하고 있다. 하지만 2008년 한미 쇠고기 협상 내용에 대한 반대 시위 때 시위대에게 발사한 물대포로 인해 시위에 참가한 사람들 가운데 신체적 피해를 입은 사례가 많았다. 이에 따라 경찰이 진압 과정에서 안전수칙을 준수하였는지 여부에 대한 논란도 있었다.
사용기준 : 경찰청 훈령 '경찰장비사용규칙'	**제82조(특별관리)** ⑤ 직무수행을 위하여 제1항의 장비를 사용할 때에는 다음 안전수칙을 준수하여야 한다. 7. 살수차 가. 최루탄 발사대의 발사각도를 15도 이상 유지하여 발사되는지 확인 후 사용하여야 한다. 나. 20m 이내의 근거리 시위대를 향하여 직접 살수포를 쏘아서는 안 된다. 다. 살수차는 항상 진압부대의 보호 속에서 운용되어야 하며 후진시는 유도요원의 유도에 따라 운용한다.

[그림 5-3] 물대포

경찰관 기동대

- 경찰관 기동대는 경찰관으로 구성된 부대 단위 경찰조직이다.
- 병역자원 부족으로 2011년 12월 26일 이후 차출을 중단하여 2013년 1월 25일 이후 폐지되는 전경과 2015년부터 모집을 중단하는 의경을 대체하여 신설되었다.
- 경찰관만으로 구성되는 기동대가 창설됨에 따라 전투경찰로 구성된 기존의 기동대와 구분하기 위해 사용하는 명칭이다. 기동대장은 경정이며 각 지방경찰청 소속이다.
- 대규모 집회 시위나 국가 주요행사와 같이 많은 치안력이 집중적으로 요구되는 치안상황에 주로 투입되며 사회공공의 질서유지를 위해 범죄의 예방과 진압 임무를 수행한다.
- 신규 모집하는 대원은 공개채용 과정을 거쳐 6개월간 일반 소양과목과 전문 교육을 이수한 후 순경으로서 2년 동안 경찰관 기동대에 배치되어 근무하게 되며, 향후 모든 남자 신임

순경들을 경찰관 기동대에 배치할 예정이다.
• '전경'과 '의경'을 통틀어 전투경찰 혹은 대원이라고 칭한다. 반면 순경 이상 경찰관은 직원이라고 하며, 일부가 경찰관 기동대(직원기동대. 직기대 혹은 기동대)에서 근무한다.

4) 차단을 위한 차벽전술

가로차벽	• 차량의 옆면으로 시위대를 막는 방법, 넓은 지역을 방어 • 경력의 진출입을 위한 적정한 차량간 공간, 일명 "숨수멍"을 설치해야 함 • 시위대가 차량을 밀거나 밧줄 등을 이용해 당길 경우 전복의 위험이 있음 • 차벽설치시 차량의 출입문 방향이 시위대의 반대쪽에 있어야 시위대의 차량 내부 진입을 방지할 수 있음
세로차벽	• 시설점거 후 시위대의 정문방향 진출차단에 유용 • 시위대에 의한 전복위험은 적으며, 유사시 이동이 용이 • 차량의 후면으로 시위대를 막는 방법으로 방어면적이 좁음

[그림 5-4] 차벽전술

5) 지하철 무정차 통과요구

대규모 시위대가 지하철로 이동하면서 불법시위를 할 것이 명백한 경우, 지하철역에 요구하여 무정차 통과하도록 조치

예 G20 기간중 정상회의장인 코엑스에 인접한 지하철 2호선 삼성역 무정차 통과

2007년 불법폭력시위 대응방안 : 경찰청

【현황 및 문제점】

○ 전체적으로는 평화기조이나, 일부 집회는 더욱 과격화 양상

• 폭력시위는 감소추세이나, 경찰과 부상자 수는 오히려 증가

구 분	'01년	'02년	'03년	'04년	'05년	'06년 8월말
폭력시위(건)	215	118	134	91	77	35
경찰부상자(명)	673	287	749	621	893	674

• 농민 · 노동단체 등 일부 집회는 과격화되는 사례 빈번

최근 대규모 경찰부상자 집회

• '04. 2. 9 **농민대회** → **223명**
• '05. 3~5월 울산플랜트노조 → 116명
• '05. 10. 25 순천하이스코 → 70명
• '06. 5. 4 평택집회 → 139명
• '04. 8. 17 포항건설노조 → 33명
• '05. 7. 10 평택집회 → 100명
• '05. 11. 15 **농민대회** → **218명**
• '06. 7~**8월 포항건설노조** → **238명**

○ 과격시위를 선택하는 시위문화 잔존

• 과격시위를 해야만 이슈화되고 정부가 관심을 보인다는 인식 팽배

• 소수 과격 시위대(100~500명 규모)가 선봉대로 폭력시위를 주도, 폭력시위용품을 사전에 조직적으로 준비하여 계획된 폭력시위 전개

※ '05년 농민대회시 봉고차량으로 쇠파이프 2,000개 반입 · 시너로 차벽 방화

※ '05년 울산플랜트 집회시 공업용 쇠파이프(2~3m)로 수레전차 제작

• 시위 주체들의 준법의식이 희박하고, 공권력을 적대시

➡ 시위대의 의도적인 폭력시위로 매년 경찰부상자 지속 발생

○ 집회 · 시위 대응상 애로 및 문제점

• 現대응방식으로는 신체접촉 불가피, 부상자 다수 발생

– 매년 350만명 이상이 집회시위 관리에 투입되고 있으나, 경찰장비는 진압봉 · 방패 등으로 한정된 반면, 시위용품은 무기화 양상

구 분	'01년	'02년	'03년	'04년	'05년	'06년 8월말
집회건수(건)	13,083	10,165	11,837	11,338	11,036	5,826
대비경력(명)	500만	350만	420만	390만	360만	210만

– 시위대에서 폭언(욕설), 침뱉기, 인분 · 쓰레기 투척 등 인격적 모멸감을 주며 의도적으로 경력을 자극하는 사례도 빈번

○ 대규모 집회시 차벽·살수차를 활용중이나, 시위대 접근 차단에 미흡
- '02년 '촛불시위(여중생 추모)'부터 차벽전술을 사용하고 있으나, 방화에 취약한 단점이 있어 부상 가능성 상존

※ '05년 농민대회시 시위대가 차벽을 연쇄방화
- 살수차(現 9대)로 폭력시위대를 완벽하게 차단하기는 어려움

※ 최대수압으로 사용시 시위대 부상을 우려, 적정압력으로 사용
- 경찰의 정당한 공권력 집행을 불법시위자들의 폭력과 동일선상에서 취급, 과잉진압을 주장하며 문책을 요구하는 분위기도 경찰력 행사의 장애요인으로 작용

【향후 추진방향】

○ 불법폭력시위 엄정대처, 평화적 집회시위 기반 구축
- 합법적인 시위는 최대한 보호하되, 불법 폭력시위에 대해서는 현장검거·채증을 통한 엄격한 사법조치로 법질서 확립

※ 사법처리 현황(1~8월) : '05년 3,845명 → '06년 6,721명(74.8% 증가)
- 총리실 등 관계부처와 적극 협조, 汎정부적 시위문화 개선 추진
  - 집회 주최측과 MOU체결·시민참관단 운영, 시위문화 개선을 위한 캠페인 전개 등 평화시위 공감대 확산 및 제도화 주력

구 분	시민참관단 구성	시민참관단 운영	MOU 체결	대화채널유지	준법집회 촉구서한
실적(1~8월)	1,703명	234건	4,366건	4,769건	1,821건

  - 공권력의 상징인 폴리스라인 지키기 운동을 지속 추진하고, 폴리스라인을 침해하는 행위는 엄정대처하는 등 평화시위 분위기 조성

※ 1~8월간 폴리스라인 위반집회 13회, 불법행위자 구속 15·불구속 275

○ 불법폭력시위 대응역량 강화
- 검거전담부대를 적극 활용하여 불법시위자는 현장검거, 불법폭력시위로 변질되지 않도록 사전 차단하는 등 현장대응역량 강화
  - 시위대의 불법행위 증거수집을 위한 채증장비를 보강, 사후 끝까지 추적수사하여 사법조치하는 등 법적 책임 부과

※ ENG 카메라(14대), 고성능 디지털 카메라(100대), 야간 채증장비 보완 등
- 경찰과 시위대의 부상을 방지하기 위한 방안 마련
  - 직접적 신체접촉을 최소화 할 수 있도록 컨테이너 등 차단장비 적극 활용

※ '05년 부산 APEC, 금년 8.9 포항집회 등 사용 / 방화·전도에도 안전
  - 경찰방패·방석모 등 경찰 보호장비를 지속적으로 개선·보급

※ 경력 · 시위대 안전을 동시에 확보할 수 있는 신형 경찰방패 보급('06. 1월 4,700여개 1차 보급, '06년 말까지 14,000여개 추가보급 예정)

※ 안면보호 기능을 강화한 신형 방석모를 개발, 내년 보급 예정

– 시위대응 경찰에 대한 교육 · 훈련을 강화하고, 현장대응시 인권과 안전을 최우선적으로 고려

※ 2006년 경찰부대 특별 인권교육 : 전국 경찰부대 특별인권교육(1.10~20), 전국 경비경찰 워크숍(3.28~4.7), 전국 경찰부대 지휘검열(4.25~5.2)

○ 최루액 사용 검토

• 현행 경찰장비 · 대응방식으로는 시위대와 신체접촉이 불가피하여 부상방지에 어려움이 있는 실정이므로

• 일반시민에게는 피해가 없고 과격폭력 행위자에게만 선별적으로 분사할 수 있는 '최루액 사용' 방안에 대해 공청회 개최 등 폭 넓은 여론수렴 과정을 거쳐 신중하게 결정하겠음

<u>최루액 사용시 남용방지 대책</u>

• 대규모 시위대가 과격폭력 행사시, 최후 대응수단으로 엄격 제한
• 사용전 지휘관의 사전승인 절차를 의무화, 장비남용 차단
• 도심 · 지하철 등 다중이 운집 · 왕래하는 장소에서는 사용 자제

【별첨】

9. 14 평택 빈집철거 관련

○ 주요 상황

• 국방부, 9. 14. 06 : 00~17 : 30 용역 등 416명 · 중장비 10대 동원 평택 미군기지 이전 예정지역내 빈집 90가구중 72가구 철거

※ 빈집 지붕에 주민 등이 올라간 18가구 제외

• 범대위 소속 회원 등 130여명이 원정3R에서 대추리 진입시도, 마을 주민 등 70여명은 농기계를 진입로에 방치하거나 지붕위에서 밧줄로 몸을 묶고 저항하는 형태로 작업 방해

※ 빈집(14개소 39명)과 생가(2개소 4명) 지붕 위에서 인간띠 형성 저항

○ 경찰 조치

• 총 164개 중대를 배치하여 국방부 철거작업 적극 지원

• 인권과 안전에 최우선을 두고 법집행, 변수없이 마무리

• 철거과정상 불법행위자 20명 사법조치(3명 불구속 · 훈방 17명)

※ 용역진입방해(3명), 망루 철거방해(4명), 원정리 진입시도 · 경력폭행(13명)

※ 3. 6이후 평택 관련 총 854명 사법조치(구속 25 · 불구속 411 · 즉심 345 등)

3. 다중범죄진압시 단계별 조치사항

사 전 조 치	현 장 조 치	사 후 조 치
• 예고정보수집과 상황판단 • 경비방침의 수립 • 경비실시계획의 수립 • 경비요원의 소집 • 경비부대의 편성 • 응원 · 파견의 요구 • 진압 · 통신 · 운송장비의 점검 • 출동태세의 점검	• 부대의 배치 • 현장 정보활동 • 현장 선무(宣撫)활동 • 단계별 실력행사(위력시위, 대형공격, 가스공격) • 현장검거 및 채증(採證)활동	• 부대의 단계별 철수 • 재집결 방지 • 조사활동 및 보고 • 피(被)검거자 처리 및 증거확보 • 자체평가 분석 및 보

1) 사전 조치

(1) 종합대책서에 포함되는 각 기능별 대책

	부서	업무
종합대책서	정보	정보대책서(행사분석 및 사전조치)
	경비	경비(종합)계획서(통신, 지휘 및 행정사항)
	경무	급식추진
	교토	행사장, 행진로, 집결지 교통관리
	수사	연행자 호송
	보안	보안수사대의 운용
	청문감사관	감찰활동

* 종합대책서의 작성

- 특정한 집회 · 시위의 관리를 목적으로 작성되는 것으로 정보상황(정보대책), 경비대책, 교통대책, 수사 및 공보대책 등 각 기능별 대책이 포함되어 있는 것이다.
- 종합대책서는 경비과장이 작성한다.

(2) 화염병 사용등의 처벌에 관한 법률

화염병의 제조, 보관, 운반, 소지한 자의 미수범 처벌규정이 없다.

화염병 사용 등의 처벌에 관한 법률
[시행 2010.7.23.] [법률 제10378호, 2010.7.23., 일부개정]

제1조(목적) 이 법은 국민의 생명 · 신체 및 재산을 보호하고 공공의 안녕과 질서를 유지하기 위하여 화염병을 제조 · 보관 · 운반 · 소지 또는 사용한 사람을 처벌함을 목적으로 한다.
[전문개정 2010.7.23.]

제2조(정의) 이 법에서 "화염병"이란 유리병이나 그 밖의 용기에 휘발유나 등유, 그 밖에 불붙기 쉬운 물질을 넣고 그 물질이 흘러나오거나 흩날리는 경우 이것을 연소(燃燒)시키기 위하여 발화장치 또는 점화장치를 한 물건으로서 사람의 생명 · 신체 또는 재산에 위해(危害)를 끼치는 데에 사용되는 것을 말한다.
[전문개정 2010.7.23.]

제3조(화염병의 사용) ① 화염병을 사용하여 사람의 생명 · 신체 또는 재산을 위험에 빠트린 사람은 5년 이하의 징역 또는 500만원 이하의 벌금에 처한다.
② 제1항의 미수범은 처벌한다.
[전문개정 2010.7.23.]

제4조(화염병의 제조 · 소지 등) ① 화염병을 제조하거나 보관 · 운반 · 소지한 사람은 3년 이하의 징역 또는 300만원 이하의 벌금에 처한다.
② 화염병의 제조에 쓸 목적으로 유리병이나 그 밖의 용기에 휘발유나 등유, 그 밖에 불붙기 쉬운 물질을 넣은 물건으로서 이에 발화장치나 점화장치를 하면 화염병이 되는 것을 보관 · 운반 · 소지한 사람도 제1항과 같이 처벌한다.
③ 화염병의 제조에 쓸 목적으로 화염병을 사용할 위험이 있는 장소에서 그 제조에 사용되는 물건 또는 물질을 보관 · 운반 · 소지한 사람은 1년 이하의 징역 또는 100만원 이하의 벌금에 처한다.
[전문개정 2010.7.23.]

부칙 〈제10378호, 2010.7.23.〉
이 법은 공포한 날부터 시행한다.

[그림 5-5] 화염병 1

[그림 5-6] 화염병과 싸우는 경찰

판례연구

특수공무집행방해치상,특수공무집행방해,화염병사용등의처벌에관한법률위반,
집회및시위에관한법률위반,국가보안법위반
[대법원, 91도3279, 1992.3.31]

【판시사항】

가. 시위에 참여하여 돌맹이를 던지는 등의 행위로 다른 사람의 화염병 투척을 용이하게 한 경우 화염병 투척(사용)의 공동정범으로서의 죄책을 진다고 한 사례

【판결요지】

가. 화염병과 돌맹이들을 진압 경찰관을 향하여 무차별 던지는 시위 현장에 피고인도 이에 적극 참여하여 판시와 같이 돌맹이를 던지는 등의 행위로 다른사람의 화염병 투척을 용이하게 하고 이로 인하여 타인의 생명 신체에 대한 위험을 발생케 하였다면 비록 피고인 자신이 직접 화염병 투척의 행위는 하지 아니하였다 하더라도 그 화염병 투척(사용)의 공동정범으로서의 죄책을 면할 수는 없는 것이다.

2) 현장조치

(1) 부대의 배치

부대배치시에는 이동이 용이하고 부대활동에 큰 장애물이 없는 적합한 곳에 대기시킨다.

(2) 현장 선무(宣撫)활동

부대배치가 끝나면 그 부대의 위력을 배경으로 해산을 경고하는 진압수단을 전개한다.

선무(宣撫)방송은 반드시 경어(敬語)를 사용, 짧고 간결한 문장을 사용, 비난보다는 설득 위주, 적당한 간격으로 끊어 읽기를 해야한다.

(3) 단계별 실력행사

위력시위	• 자진해산을 3회 이상 경고하고 선무활동을 전개해도 효과가 없을 때 대형공격에 앞서 훈련된 부대의 위력을 과시하는 것이다. • 가스장비와 훈련된 부대의 위력시인, 이동 등 위압감으로 자진해산을 기대하는 단계인 것이다.
대형공격	• 위력시위에도 해산이 안될 때 공격 주모자 체포 세력분산 등 진압원리를 구사한다.
가스공격	• 대형공격으로 진압이 불가능하고 다중범죄 군중이 다수로 우세하고 혼란시에 지휘관의 결심을 받아서 엄격한 통제하에 사용법을 준수하여 사용한다. • 진압단계는 반드시 이상의 순시에 의하는 것만은 아니고 실정에 따라 위력시위 다음에 가스공격을 먼저하고 대형공격으로 진압할 수도 있다.

(4) 진압의 3대 원칙

신속한 해산	시위군중은 군중심리의 영향으로 격화・확대되기 쉽고 파급성이 강하므로, 초기 단계에서 신속・철저히 이를 해산시켜야 한다.
주모자 체포	시위군중은 주모자를 잃으면 무기력해져 쉽게 해산되는 것이 보통이므로 그들 가운데서 주동적으로 행동하는 자부터 체포하여 분리시켜야 한다.
재집결 방지	시위군중은 일단 해산 후 다시 집결하기 쉬우므로 재집결할 만한 곳에 경력(警力)을 배치하고 순찰과 검문검색을 강화하여 재집결을 방지한다.

[그림 5-7] 주모자 체포

[그림 5-8] 경찰진압

(5) 해산조치내용

판례연구

폭력행위등처벌에관한법률위반(공동상해) · 일반교통방해 · 업무방해 · 폭력행위등처벌에관한법률위반(공동재물손괴등) · 집회및시위에관한법률위반
[대법원 2014.11.13, 선고, 2011도2871, 판결]

【판시사항】
집회 및 시위에 관한 법률상 '시위'의 의미 및 여러 사람이 일정 장소에 모여 행한 특정 행위가 시위에 해당하는지 판단하는 기준

【판결요지】
집회 및 시위에 관한 법률 제2조 제2호에 의하면 '시위'는 여러 사람이 공동의 목적을 가지고 도로 · 광장 · 공원 등 일반인이 자유로이 통행할 수 있는 장소를 행진하거나 위력 또는 기세를 보여 불특정한 여러 사람의 의견에 영향을 주거나 제압을 가하는 행위를 의미하는데, 여러 사람이 일정한 장소에 모여 행한 특정 행위가 공동의 목적을 가진 집단적 의사표현의 일환으로 이루어진 것으로서 시위에 해당하는지는, 행위의 태양 및 참가 인원 등 객관적 측면과 아울러 그들 사이의 내적인 유대 관계 등 주관적 측면을 종합하여 전체적으로 그 행위를 여러 사람이 위력 또는 기세를 보여 불특정한 여러 사람의 의견에 영향을 주거나 제압을 가하는 행위로 볼 수 있는지에 따라 평가하여야 한다.

집회 및 시위에 관한 법률 시행령

제17조(집회 또는 시위의 자진 해산의 요청 등) 법 제20조에 따라 집회 또는 시위를 해산시키려는

때에는 관할 경찰관서장 또는 관할 경찰관서장으로부터 권한을 부여받은 국가경찰공무원은 다음 각 호의 순서에 따라야 한다. 다만, 법 제20조제1항제1호 · 제2호 또는 제4호에 해당하는 집회 · 시위의 경우와 주최자 · 주관자 · 연락책임자 및 질서유지인이 집회 또는 시위 장소에 없는 경우에는 종결 선언의 요청을 생략할 수 있다.

1. 종결 선언의 요청
   주최자에게 집회 또는 시위의 종결 선언을 요청하되, 주최자의 소재를 알 수 없는 경우에는 주관자 · 연락책임자 또는 질서유지인을 통하여 종결 선언을 요청할 수 있다.
2. 자진 해산의 요청
   제1호의 종결 선언 요청에 따르지 아니하거나 종결 선언에도 불구하고 집회 또는 시위의 참가자들이 집회 또는 시위를 계속하는 경우에는 직접 참가자들에 대하여 자진 해산할 것을 요청한다.
3. 해산명령 및 직접 해산
   제2호에 따른 자진 해산 요청에 따르지 아니하는 경우에는 세 번 이상 자진 해산할 것을 명령하고, 참가자들이 해산명령에도 불구하고 해산하지 아니하면 직접 해산시킬 수 있다.

판례연구

집회및시위에관한법률위반 · 일반교통방해
[대법원 2014.3.13, 선고, 2012도14137, 판결]

【판시사항】

[1] 집회 및 시위에 관한 법률 제20조 제1항에 따른 해산명령을 하면서 구체적인 해산사유를 고지하지 않았거나 정당하지 않은 사유를 고지하면서 해산명령을 한 경우, 이에 따르지 않은 행위가 같은 조 제2항 위반죄를 구성하는지 여부(소극)

[2] 집회 및 시위에 관한 법률에 따라 신고된 옥외집회 또는 시위와 실제 개최된 옥외집회 또는 시위 사이에 동일성이 인정되는지 판단하는 기준 및 옥외집회 또는 시위를 신고한 주최자가 신고한 범위를 현저히 일탈하는 행위에 이른 경우, 이를 신고 없이 개최된 것으로 보기 위한 요건

[3] 피고인이 시위에 참가하여 도로를 점거하고 행진하던 중, 위 시위가 미신고 시위라는 이유로 해산명령을 받았음에도 불응하였다고 하여 집회 및 시위에 관한 법률 위반으로 기소된 사안에서, 피고인이 참가한 시위가 금지된 시위라거나 신고 없이 개최된 시위라고 보기 어려우므로, 미신고 시위임을 이유로 한 해산명령에 따르지 않은 행위가 같은 법

위반죄에 해당하지 않는데도, 이와 달리 보아 유죄를 인정한 원심판결에 법리오해의 잘못이 있다고 한 사례

【판결요지】

[1] 집회 및 시위에 관한 법률(이하 '집시법'이라 한다) 제20조 제1항은 관할 경찰관서장은 다음 각 호의 어느 하나에 해당하는 집회 또는 시위에 대하여는 상당한 시간 이내에 자진 해산할 것을 요청하고 이에 따르지 아니하면 해산을 명할 수 있다고 규정하고, 제20조 제2항은 집회 또는 시위가 제1항에 따른 해산명령을 받았을 때에는 모든 참가자는 지체 없이 해산하여야 한다고 규정하는데, 관련 규정의 해석상 관할 경찰관서장이 위 해산명령을 할 때에는 해산사유가 집시법 제20조 제1항 각 호 중 어느 사유에 해당하는지 구체적으로 고지하여야 한다. 따라서 해산명령을 하면서 구체적인 해산사유를 고지하지 않았거나 정당하지 않은 사유를 고지하면서 해산명령을 한 경우에는, 그러한 해산명령에 따르지 않았다고 하더라도 집시법 제20조 제2항을 위반하였다고 할 수 없다.

[2] 집회 및 시위에 관한 법률에 따라 신고된 옥외집회 또는 시위와 실제 개최된 옥외집회 또는 시위 사이에 동일성이 인정되는지는, 신고된 목적, 일시, 장소, 주최자, 참가단체 및 참가인원과 시위방법 등과 실제 개최된 옥외집회 등의 그것을 서로 비교하여 전체적·종합적으로 판단하여야 하고, 옥외집회 또는 시위를 신고한 주최자가 그 주도 아래 행사를 진행하는 과정에서 신고한 목적·일시·장소·방법 등의 범위를 현저히 일탈하는 행위에 이르렀다고 하더라도 그것만으로 그 옥외집회 또는 시위가 신고 없이 개최된 것으로 볼 수는 없고, 처음부터 옥외집회 또는 시위가 신고된 것과 다른 주최자나 참가단체 등의 주도 아래 신고된 것과는 다른 내용으로 진행되거나, 또는 처음에는 신고한 주최자가 주도하여 옥외집회 또는 시위를 진행하였지만 중간에 주최자나 참가단체 등이 교체되고 이들의 주도 아래 신고된 것과는 다른 내용의 옥외집회 또는 시위로 변경됨으로써 이미 이루어진 옥외집회 또는 시위의 신고는 명목상의 구실에 불과하게 된 것으로 볼 수 있는 정도에 이르러야 한다.

[3] 피고인이 시위에 참가하여 도로를 점거하고 행진하던 중, 위 시위가 미신고 시위라는 이유로 관할 경찰서장으로부터 해산명령을 받았음에도 이에 불응하였다고 하여 집회 및 시위에 관한 법률(이하 '집시법'이라 한다) 위반으로 기소된 사안에서, 피고인이 참가한 시위가 전국금속노동조합으로부터 신고된 것과는 다른 내용의 시위로 변경되었다고 볼 만한 자료가 없어 금지된 시위라거나 신고 없이 개최된 시위라고 보기 어려우므로, 미신고 시위임을 이유로 한 해산명령에 따르지 않은 행위가 집시법 위반죄에 해당하지 않는데도, 이와 달리 보아 유죄를 인정한 원심판결에 집시법상 시위의 동일성 및 해산명령불응에 관한 법리오해의 잘못이 있다고 한 사례

(6) 진압부대원의 5대 행동수칙

"규율 확립, 일반시민과 시위군중 분리, 과감한 행동, 감정적 언행 금지, 개인행동금지"라는 수칙을 따라야 한다.

(7) 질서유지선

질서유지선 **[秩序維持線**, police line, boundary for the maintenance of order] **/ 경찰통제선** [police line, **警察統制線]** **/ 폴리스 라인** [police line]	• 주로 집회나 시위에 있어 공공질서를 유지하기 위해 최소한의 범위에 설정한 통제 구획선이다. • 현행 「집회 및 시위에 관한 법률」에 있어 질서유지선이란 관할 경찰서장이나 지방경찰청장이 적법한 집회 및 시위를 보호하고 질서유지나 원활한 교통 소통을 위하여 집회 또는 시위의 장소나 행진 구간을 일정하게 구획하여 설정한 띠, 방책, 차선 등의 경계표지를 말한다. • 집회 참가자가 설정 구역을 벗어날 경우 경찰은 이들을 강제로 해산시키거나 연행할 수 있다. • 경찰통제선은 보통 노란 표지판을 세우거나 폭 5cm 정도의 노란색 비닐 띠를 둘러 설정하는데, 미국에서는 이를 경고 테이프(caution tape, warning tape, police tape)라고 부른다. • 외국의 경우 오래전부터 시행해 왔으며, 한국에서는 1995년 5월 노입하여 시범운영하다가 1996년부터 전국적으로 확대하여 시행하고 있다.

* 출처 : (경찰학사전, 2012. 11. 20., 법문사),(두산백과),(한경 경제용어사전, 한국경제신문/한경닷컴)

[그림 5-9] 질서유지선

<table>
<tr>
<td>1인 시위/나홀로 시위</td>
<td>
• 1인이 피켓이나 현수막, 어깨띠 등을 두르고 혼자 하는 나홀로 시위를 말한다.
• 1인 시위는 '외교기관의 100미터 이내에서는 집회를 할 수 없고, 집회는 2인 이상을 말한다.'는 '집회와 시위에 관한 법률(집시법)'을 이용해 이러한 규제에서 벗어나기 위해 시도된 시위 문화다.
• 1인 시위는 집시법의 적용을 받지 않기 때문에 때와 장소를 가리지 않고 자유롭게 시위를 할 수 있다.
예 2000년 12월 참여연대가 삼성그룹의 변칙 증여와 국세청의 안일한 조세업무를 비판하면서 국세청 앞에서 시위를 벌인 것이 효시다.
삼성그룹 이건희 회장의 변칙상속 의혹을 제보(2000년 4월 26일)한 참여연대는 국세청이 무반응으로 일관하자, 국세청 앞에서의 시위를 계획하였다. 참여연대는 집시법 제11조 규정인 '외국대사관이 입주한 건물이나 입법기관 주변 100m 이내에서는 집회를 할 수 없다.'는 현행법 때문에 시위가 어려워지자 집시법 제2조에서 집회의 개념을 '다수인'으로 규정한 것을 이용, 나홀로 피켓을 들고 서있는 1인 시위를 감행하게 되었다. 이렇게 시작한 국세청 앞 1인 시위는 각종 단체 및 일반 시민들의 자발적인 참여로 계속되었고, 이후 집회가 어려운 장소에서의 새로운 시위문화로 자리잡게 되었다.

• 여기에 '20m 이상 떨어진 장소는 동일장소로 보지 않는다.'는 집시법의 틈새를 이용하여 여러 명이 20m 이상 간격을 두고 시위를 하거나, 다수가 모여서 1명씩 교대로 하는 변형된 '릴레이 1인 시위'가 나타나기도 했다. 이 1인 시위는 주로 유동인구가 많거나 상대에게 의견을 전달할 수 있는 곳에서 이뤄진다.
</td>
</tr>
</table>

＊출처 : (시사상식사전, 박문각)

[그림 5-10] 나홀로 시위

집회 및 시위에 관한 법률
[시행 2016.2.28.] [법률 제13834호, 2016.1.27., 일부개정]

제1조(목적) 이 법은 적법한 집회(集會) 및 시위(示威)를 최대한 보장하고 위법한 시위로부터 국민을 보호함으로써 집회 및 시위의 권리 보장과 공공의 안녕질서가 적절히 조화를 이루도록 하는 것을 목적으로 한다.

제2조(정의) 이 법에서 사용하는 용어의 뜻은 다음과 같다.

1. "옥외집회"란 천장이 없거나 사방이 폐쇄되지 아니한 장소에서 여는 집회를 말한다.
2. "시위"란 여러 사람이 공동의 목적을 가지고 도로, 광장, 공원 등 일반인이 자유로이 통행할 수 있는 장소를 행진하거나 위력(威力) 또는 기세(氣勢)를 보여, 불특정한 여러 사람의 의견에 영향을 주거나 제압(制壓)을 가하는 행위를 말한다.
3. "주최자(主催者)"란 자기 이름으로 자기 책임 아래 집회나 시위를 여는 사람이나 단체를 말한다. 주최자는 주관자(主管者)를 따로 두어 집회 또는 시위의 실행을 맡아 관리하도록 위임할 수 있다. 이 경우 주관자는 그 위임의 범위 안에서 주최자로 본다.
4. "질서유지인"이란 주최자가 자신을 보좌하여 집회 또는 시위의 질서를 유지하게 할 목적으로 임명한 자를 말한다.
5. "질서유지선"이란 관할 경찰서장이나 지방경찰청장이 적법한 집회 및 시위를 보호하고 질서유지나 원활한 교통 소통을 위하여 집회 또는 시위의 장소나 행진 구간을 일정하게 구획하여 설정한 띠, 방책(防柵), 차선(車線) 등의 경계 표지(標識)를 말한다.
6. "경찰관서"란 국가경찰관서를 말한다

제13조(질서유지선의 설정) ① 제6조제1항에 따른 신고를 받은 관할경찰관서장은 집회 및 시위의 보호와 공공의 질서 유지를 위하여 필요하다고 인정하면 최소한의 범위를 정하여 질서유지선을 설정할 수 있다.

② 제1항에 따라 경찰관서장이 질서유지선을 설정할 때에는 주최자 또는 연락책임자에게 이를 알려야 한다.

4. 상황별 조치사항

1) 상징물

형법 제3장 국기에 관한 죄

제105조(국기, 국장의 모독) 대한민국을 모욕할 목적으로 국기 또는 국장을 손상, 제거 또는 오욕한 자는 5년 이하의 징역이나 금고, 10년 이하의 자격정지 또는 700만원 이하의 벌금에 처한다. 〈개정 1995.12.29〉

제106조(국기, 국장의 비방) 전조의 목적으로 국기 또는 국장을 비방한 자는 1년 이하의 징역이나 금고, 5년 이하의 자격정지 또는 200만원 이하의 벌금에 처한다. 〈개정 1995.12.29〉

국기모독죄

2015년 4월 18일 세월호 추모집회에서 태극기를 불태운 혐의(국기모독죄)로 김 씨를 전날 오후 10시께 경기도 안양에서 체포했다.

세월호 참사 1주기 추모집회에서 태극기가 그려진 종이를 불태운 김아무개(24)씨에 대해 경찰이 신청한 구속영장이 기각됐다. 서울중앙지법 이승규 영장전담판사는 2일 새벽 영장을 기각하면서 "김씨가 집회 현장에서 팔에 스스로 상처를 내는 등 매우 흥분된 상태에서 우발적, 충동적으로 국기 소훼(불에 태움) 행위에 이른 것으로 보인다"고 밝혔다.

1953년 만들어진 국기모독죄가 처음 적용된 것은 59년 전북 전주에서였다. 3·1절에 찢어진 국기를 굴뚝 청소용 대나무에 매어 게양한 시민이 경찰 조사를 받았다. '
정치적 처벌'도 있었다. 1992년 대통령 선거 직후, 김대중 후보가 낙선하자 김충조 새정치국민회의 의원이 홧김에 사무실 벽에 걸린 태극기를 바닥에 내동댕이쳤다가 기소돼 벌금 80만원을 선고받았다.

"성조기를 불태우는 행위는 국가정책에 대한 항의를 표현하는 강력한 수단이므로 표현의 자유의 보호 범위에 든다"는 1992년 미국 연방대법원의 판단이 있다..
일본과 독일 형법에는 '외국 국기 손괴죄'는 있지만 '자국 국기 손괴'를 처벌하는 조항은 없다.
* 출처 : 한겨레신문, 2015-06-02

성조기, 인공기

2003년 9월 5일 서울지법은 주한미군 공병단 기지에 침입, 성조기를 게양대에서 내려 불태운 혐의(외국국기모독 등)로 구속기소된 한총련 소속 대학생 류모(19)씨에 대해 징역 장기10월, 단기6월의 실형을 선고했다.
이들이 처벌받은 것은 '외국을 모욕할 목적으로 그 나라의 公用에 供하는 국기 또는 國章을 손상, 제거, 또는 汚辱한 자는 2년 이하의 징역이나 금고 또는 300만 원 이하의 벌금에 처한다'고 규정하고 있는 형법 제 109조에 근거 : '그 나라의 公用에 供하는'이라는 표현에서 알 수 있듯 이 '외국 국기-국장 모독죄'는 외국의 公用 국기-국장을 훼손한 경우에만 처벌할 수 있다.

태극기를 모독한 경우는 형법 제105조 '국기-국장 모독죄'에 해당된다.
'외국 국기 -국장 모독죄'와는 달리 公用-私用을 불문한다.

'손상'이란 국기-국장을 태우거나 찢는 등 물리적 파괴 내지 훼손을 의미한다. '제거'는 국기-국장을 물리적으로 훼손하지는 않고 원래 위치에서 철거하거나 보이지 않게 가리는 행위 등을 말한다. '오욕'은 오물을 끼얹거나 밟거나 침을 뱉는 등의 행위를 가리킨다.

북한 人共旗 소각은 위 어느 경우에도 해당되지 않는다. 북한은 우리 헌법상 '외국'도 아니고, 한반도 전체 혹은 일부를 대표하는 '국가'도 아닌, '反국가단체'에 불과하기 때문이다.
경찰은 인공기 소각을 단속할 법적 근거가 없자 경범죄처벌법상 '불안감 조성'을 처벌 근거로 들고 있다. 단 경찰도 인공기를 찢는 것은 어쩔 수 없다는 입장이다.
* 출처 : 조갑제 닷 컴, 2003-09-10

[그림 5-11] 국기소각 1

[그림 5-12] 국기소각 2

2) 미신고집회

판례연구

집회및시위에 관한 법률 위반
[대법원 2013.10.24, 선고, 2012도11518, 판결]

【판시사항】

[1] 공중이 자유로이 통행할 수 없는 장소에서 개최되는 옥외집회가 '집회 및 시위에 관한 법률'상 보장 및 규제 대상이 되는 집회에 포함되는지 여부(적극) 및 외형상 천장이 없거나 사방이 폐쇄되지 아니한 장소에서 개최되는 집회라도 미신고 옥외집회 개최행위로 처벌할 수 없는 경우

[2] 피고인들을 포함한 근로자 30여 명이 회사 구내 옥외 주차장에서 미신고 집회를 개최하였다고 하여 '집회 및 시위에 관한 법률' 위반으로 기소된 사안에서, 위 집회는 집회 장소, 목적과 규모·방법 등에 비추어 일반적인 사회생활질서의 범위 안에 있어, 피고인들의 행위를 미신고 옥외집회 개최행위로 처벌할 수 없다고 한 사례

【판결요지】

[1] 집회 및 시위에 관한 법률(이하 '집시법'이라 한다)에 의하여 보장 및 규제의 대상이 되는 집회란 '특정 또는 불특정 다수인이 공동의 의견을 형성하여 이를 대외적으로 표명할 목적 아래 일시적으로 일정한 장소에 모이는 것'을 말하며, 천장이 없거나 사방이 폐쇄되지 아니한 장소에서의 집회는 설사 그곳이 공중이 자유로이 통행할 수 있는 장소가 아닐지라도 그 장소의 위치와 넓이, 형태 및 참가인원의 수, 집회의 목적과 성격 및 방법 등에 따라서는 공공의 안녕질서에 해를 끼칠 우려가 있다는 점에서 이 또한 집시법에 의하여 보장 및 규제의 대상이 되는 집회에 포함된다. 다만 헌법이 집회의 자유를 보장하는 근본이념과 집시법 제2조 제1호, 제6조 제1항, 제22조 제2항의 내용 및 입법 취지 등을 종합하여 볼 때, 집회의 목적, 방법 및 형태, 참가자의 인원 및 구성, 집회 장소의 개방성 및 접근성, 주변 환경 등에 비추어 집회 과정에서 불특정 다수나 일반 공중 등 외부와 접촉하여 제3자의 법익과 충돌하거나 공공의 안녕질서에 해를 끼칠 수 있는 상황에 대한 예견가능성조차 없거나 일반적인 사회생활질서의 범위 안에 있는 것으로 볼 수 있는 경우에는 설령 외형상 천장이 없거나 사방이 폐쇄되지 아니한 장소에서 개최되는 집회라고 하더라도 이를 집시법상 미신고 옥외집회의 개최행위로 보아 처벌하여서는 아니 된다.

[2] 피고인들을 포함한 근로자 30여 명이 관할 경찰서장에게 신고하지 아니하고 회사 구내 옥외 주차장에서 5회에 걸쳐 집회를 개최하였다고 하여 집회 및 시위에 관한 법률(이하 '집시법'이라 한다) 위반으로 기소된 사안에서, 위 집회는 회사 구내에서 업무시간을 피하

여 매번 약 40분씩 한정된 시간 동안 개최된 것이고, 집회의 목적도 오로지 노조활동과 관련하여 회사에 대한 요구사항을 주장하기 위한 것이며, 집회 장소가 회사 안마당 주차장 공간으로서 옥외이기는 하지만 외부인의 출입이 통제 · 차단되어 그곳에서 위와 같은 목적과 규모 및 방법으로 집회를 개최하더라도 인근 거주자나 일반인의 법익과 충돌하거나 공공의 안녕질서에 해를 끼칠 것으로는 예견되지 아니할 뿐 아니라 일반적인 사회생활 질서의 범위 안에 있는 행위로 평가되므로, 피고인들의 행위를 집시법상 미신고 옥외집회 개최행위로 처벌할 수 없다고 한 사례.

판례연구

집회 및 시위에 관한 법률 위반
[대법원 2013.3.28, 선고, 2011도2393, 판결]

【판시사항】

[1] 사전신고 없이 개최된 옥외집회의 성격이나 취지가 집회 및 시위에 관한 법률 제15조에 규정된 집회에 해당하는 경우, 미신고 옥외집회로 처벌할 수 있는지 여부(소극) 및 어떠한 집회가 같은 법 제15조에 규정된 집회에 해당하는지 판단하는 기준

[2] 피고인이 특정 인터넷카페 회원 10여 명과 함께 불특정 다수의 시민들이 지나는 장소에서 퍼포먼스(Performance) 형태의 플래시 몹(flash mob) 방식으로 노조설립신고 반려 규탄 모임을 진행함으로써 집회 및 시위에 관한 법률상 미신고 옥외집회를 개최하였다는 내용으로 기소된 사안에서, 제반 사정에 비추어 위 모임은 실질적으로 같은 법 제2조 제1호의 옥외집회에 해당하여 사전신고의 대상이 된다는 이유로 유죄를 인정한 원심판단을 정당하다고 한 사례

【판결요지】

[1] 집회 및 시위에 관한 법률(이하 '집시법'이라고 한다)이 옥외집회에 관하여 신고제도와 아울러 일정한 경우 그 적용을 배제하는 규정을 둔 취지는, 신고에 의하여 옥외집회의 성격과 규모 등을 미리 파악함으로써 적법한 옥외집회를 보호함과 동시에 행정관청에 옥외집회에 관한 구체적인 정보를 제공함으로써 타인의 기본권 침해를 예방하고 공공의 안녕질서를 유지하기 위한 조치를 사전에 마련하도록 하는 한편, 학문, 예술, 체육, 종교, 의식, 친목, 오락, 관혼상제 및 국경행사에 관한 집회의 경우에는 타인의 기본권이나 공공의 안녕질서를 침해할 위험성이 매우 적어 사전 조치의 필요성이 없다고 보기 때문이다. 그러므로 집회의 성격 내지 취지가 집시법 제15조에 규정된 집회에 해당하는 경우에는 사전신고를 하지 않았다고 하더라도 미신고 옥외집회로 처벌할 수는 없고, 어떤 집회가

집시법 제15조에 규정된 집회에 해당하는지는 집회의 주된 목적, 일시, 장소, 방법, 참여인원, 참여자의 행위 태양, 진행 내용 및 소요시간 등 제반 사정을 종합적으로 고려하여 실질적으로 판단하여야 한다.

[2] 피고인이 특정 인터넷카페 회원 10여 명과 함께 불특정 다수의 시민들이 지나는 명동 한복판에서 퍼포먼스(Performance) 형태의 플래시 몹(flash mob) 방식으로 노조설립신고를 노동부가 반려한 데 대한 규탄 모임을 진행함으로써 집회 및 시위에 관한 법률(이하 '집시법'이라고 한다)상 미신고 옥외집회를 개최하였다는 내용으로 기소된 사안에서, 위 모임의 주된 목적, 일시, 장소, 방법, 참여인원, 참여자의 행위 태양, 진행 내용 및 소요시간 등 제반 사정에 비추어 볼 때 집시법 제15조에 의하여 신고의무의 적용이 배제되는 오락 또는 예술 등에 관한 집회라고 볼 수 없고, 그 실질에 있어서 정부의 청년실업 문제 정책을 규탄하는 등 주장하고자 하는 정치·사회적 구호를 대외적으로 널리 알리려는 의도하에 개최된 집시법 제2조 제1호의 옥외집회에 해당하여 집시법 제6조 제1항에서 정한 사전신고의 대상이 된다는 이유로, 같은 취지에서 피고인에게 유죄를 인정한 원심판단을 정당하다고 한 사례.

판례연구

집회 및 시위에 관한 법률 위반·도로교통법 위반
[대법원 2008.7.10, 선고, 2006도9471, 판결]

【판시사항】

[1] 옥외집회가 사전신고의 범위를 벗어난 경우, 이미 신고된 것과 동일성이 유지되는지 여부의 판단 방법

[2] 옥외집회나 시위를 신고한 주최자가 신고한 범위를 현저히 일탈하는 행위에 이른 경우, 이를 신고 없이 옥외집회나 시위를 개최한 것으로 보기 위한 요건

【판결요지】

[1] 신고 후 개최한 옥외집회 또는 시위가 신고의 범위를 벗어남에 따라, 신고된 옥외집회 또는 시위와 동일성이 여전히 유지되는 상황인지 아니면 동일성이 인정되는 정도를 벗어나 신고를 하지 아니한 옥외집회 또는 시위로 보아야 하는지가 문제된 때에는, 헌법 제21조 제2항이 "집회에 대한 허가는 인정되지 아니한다"고 선언한 취지 및 신고에 의하여 옥외집회 또는 시위의 성격과 규모 등을 미리 파악함으로써 적법한 옥외집회 또는 시위를 보호하는 한편, 그로 인한 공공의 안녕질서에 대한 위험을 미리 예방하는 등 공공의 안녕질서를 함께 유지하기 위한 조치를 마련하고자 하는 구 집회 및 시위에 관한 법률상 신고제도의 취지뿐만 아니라, 구 집회 및 시위에 관한 법률(2006. 2. 21. 법률 제7849호로

개정되기 전의 것) 제3조 및 제4조에서 집회 또는 시위의 주최자가 의도하고자 하는 집회 또는 시위가 방해받지 않도록 보호하는 한편, 제14조 및 제15조로 집회 또는 시위에 주최자 내지 주최자를 보좌하게 하기 위하여 임명된 질서유지인에게 집회 또는 시위에 있어서의 질서를 유지할 의무를 부과하고 있는 사실, 아울러 제16조에서 집회 또는 시위에 참가하는 자로 하여금 주최자 및 질서유지인의 질서유지를 위한 지시에 따라야 할 의무를 부과하는 등 집회 또는 시위와 그 주최자는 밀접불가분의 관계에 있는 점 등을 염두에 두고, 문제가 된 옥외집회 또는 시위에 관하여 당초 주최자가 신고한 앞서 본 여러 가지 사항 등과 현실로 개최된 옥외집회 또는 시위의 실제 상황을 구체적 · 개별적으로 비교하여 살펴본 다음, 이를 전체적 · 종합적으로 평가하여 동일성이 인정되는지를 판단하여야 한다.

[2] 구 집회 및 시위에 관한 법률(2006. 2. 21. 법률 제7849호로 개정되기 전의 것)의 관련 조항 등에 의하면, 옥외집회 또는 시위를 신고한 주최자가 그 주도 아래 행사를 진행하는 과정에서 신고한 목적 · 일시 · 장소 · 방법 등의 범위를 현저히 일탈하는 행위에 이르렀다고 하더라도, 이를 신고 없이 옥외집회 또는 시위를 주최한 행위로 볼 수는 없고, 처음부터 옥외집회 또는 시위가 신고된 것과 다른 주최자나 참가단체 등의 주도 아래 신고된 것과는 다른 내용으로 진행되거나, 또는 처음에는 신고한 주최자가 주도하여 옥외집회 또는 시위를 진행하였지만 중간에 주최자나 참가단체 등이 교체되고 이들의 주도 아래 신고된 것과는 다른 내용의 옥외집회 또는 시위로 변경되었음에도 불구하고, 이미 이루어진 옥외집회 또는 시위의 신고를 명목상의 구실로 내세워 옥외집회 또는 시위를 계속하는 등의 경우에는 그 주최 행위를 '신고 없이 옥외집회 또는 시위를 주최한 행위'로 보아 처벌할 수 있다.

판례연구

업무방해 · 집회및시위에관한법률위반
[대법원 2000.11.24, 선고, 2000도2172, 판결]

【판시사항】

[1] 집회및시위에관한법률 제18조 제1항 및 집회및시위에관한법률시행령 제9조의2 소정의 '자진해산의 요청'의 의미

[2] 집회및시위에관한법률 및 집회및시위에관한법률시행령에 따라 해산명령 이전에 자진해산할 것을 요청한 경우에 해당한다고 본 사례

【판결요지】

[1] 집회및시위에관한법률 제10조, 제18조, 제21조, 같은법시행령 제9조의2의 각 규정에 의

하면 집회신고시간을 넘어 일몰시간 후에 집회 및 시위를 한 경우에는 관할경찰관서장 또는 관할경찰관서장으로부터 권한을 부여받은 경찰관은 참가자들에 대하여 상당한 시간 내에 자진해산할 것을 요청한 다음, 그 자진해산요청에도 응하지 아니할 경우 자진해산할 것을 명령할 수 있다고 할 것이며, 여기서 해산명령 이전에 자진해산할 것을 요청하도록 한 입법 취지에 비추어 볼 때, 반드시 '자진해산'이라는 용어를 사용하여 요청할 필요는 없고, 그 때 해산을 요청하는 언행 중에 스스로 해산하도록 청하는 취지가 포함되어 있으면 된다.

[2] 집회신고시간을 넘어 일몰시간 후의 집회 및 시위에 대하여 관할경찰관서장으로부터 권한을 부여받은 경찰관이 비록 '자진해산'을 요청한다는 용어를 사용하지 않았다고 하더라도 스스로 해산할 것을 설득하거나 요구하였고 그로부터 상당한 시간이 흐른 후 해산명령을 하였으므로 집회및시위에관한법률 및 같은법시행령에 따라 해산명령이전에 자진해산할 것을 요청한 경우에 해당한다고 본 사례.

판례연구

집회및시위에관한법률위반,기차교통방해
[대법원 1989.12.26, 선고, 89도1512, 판결]

【판시사항】
폭력시위행위를 정당행위가 아니라고 한 사례

【판결요지】
고추값 폭락으로 인한 생존대책을 강구하여 달라는 농민들의 요구가 정당하더라도 이를 관철한다는 명목으로 경운기를 동원, 철도 건널목을 점거하여 열차의 운행을 막고, 철길에서 물러날 것을 요구하는 경찰관들에게 돌을 던져 상해를 입히는 등의 시위행위는 그 수단이나 방법에 있어서 상당성이 있다고 할 수 없으므로 정당행위로는 인정되지 않는다.

판례연구

국가보안법위반 · 집회및시위에관한법률위반
[대법원 1983.2.8, 선고, 82도2655, 판결]

【판시사항】
성조기의 소각과 반미내용의 유인물 살포행위가 국가보안법 제7조 제1항 소정의 죄를 구성하

는지 여부(적극)

【판결요지】
피고인들이 당초부터 시위의 성격을 반미, 반독재 시위로 규정하여 반미투쟁의 상징으로 시위도중에 성조기를 소각하는 한편, 유인물에 부산 미국문화원 방화사건을 찬양하고 그와 같은 행동을 선동한 내용, 한·미 관계를 정치, 경제적 종속관계로 단정하여 반미구호를 주창한 내용을 담아 이를 살포하였다면, 피고인들의 행위는 그 내용이 객관적으로 주한미군철수를 주장하고 우리 사회경제체제를 미·일등 제국주의의 식민지 내지 매변체제 또는 종속적 지배관계로 허위선전하여 반미활동을 책동하고 있는 북한공산집단을 이롭게 한 것이라 볼 수 있고, 피고인들의 지식정도로 보아 피고인들은 피고인들의 행위가 반국가 단체인 북한공산집단을 이롭게 하는 내용이라는 것쯤은 인식하고 있었다고 볼 수 있으므로 국가보안법 제7조 제1항을 적용함이 정당하다.

5. 시설의 점거 농성

1) 공권력 투입의 시기와 방법

- 공권력 투입요청 후 투입이 바람직하나 농성장 내에서 살상, 방화 등이 있는 경우와 같이 긴급을 요할 경우에는 경찰관직무집행법의 위험발생의 방지(제5조), 범죄의 예방과 제지(제6조), 위험방지를 위한 출입(제7조) 및 형사소송법의 현행범인의 체포, 긴급체포 등의 요건에 해당되는 경우에는 공권력의 투입요청이 없어도 현장지휘관의 판단하에 경찰력을 투입하여 필요한 조치를 할 수 있다.
- 다만, 특정 종교시설 등에 대한 진입은 사회적인 파급성, 일반인의 법 감정, 과잉진압의 시비를 가져오므로 필요한 경우에만 극히 제한적으로 진입이 허용되어야 한다.

경찰관직무집행법

제5조(위험 발생의 방지 등) ① 경찰관은 사람의 생명 또는 신체에 위해를 끼치거나 재산에 중대한 손해를 끼칠 우려가 있는 천재(天災), 사변(事變), 인공구조물의 파손이나 붕괴, 교통사고, 위험물의 폭발, 위험한 동물 등의 출현, 극도의 혼잡, 그 밖의 위험한 사태가 있을 때에는 다음 각 호의 조

치를 할 수 있다.

1. 그 장소에 모인 사람, 사물(事物)의 관리자, 그 밖의 관계인에게 필요한 경고를 하는 것
2. 매우 긴급한 경우에는 위해를 입을 우려가 있는 사람을 필요한 한도에서 억류하거나 피난시키는 것
3. 그 장소에 있는 사람, 사물의 관리자, 그 밖의 관계인에게 위해를 방지하기 위하여 필요하다고 인정되는 조치를 하게 하거나 직접 그 조치를 하는 것

② 경찰관서의 장은 대간첩 작전의 수행이나 소요(騷擾) 사태의 진압을 위하여 필요하다고 인정되는 상당한 이유가 있을 때에는 대간첩 작전지역이나 경찰관서·무기고 등 국가중요시설에 대한 접근 또는 통행을 제한하거나 금지할 수 있다.

③ 경찰관은 제1항의 조치를 하였을 때에는 지체 없이 그 사실을 소속 경찰관서의 장에게 보고하여야 한다.

④ 제2항의 조치를 하거나 제3항의 보고를 받은 경찰관서의 장은 관계 기관의 협조를 구하는 등 적절한 조치를 하여야 한다.

[전문개정 2014.5.20.]

제6조(범죄의 예방과 제지) 경찰관은 범죄행위가 목전(目前)에 행하여지려고 하고 있다고 인정될 때에는 이를 예방하기 위하여 관계인에게 필요한 경고를 하고, 그 행위로 인하여 사람의 생명·신체에 위해를 끼치거나 재산에 중대한 손해를 끼칠 우려가 있는 긴급한 경우에는 그 행위를 제지할 수 있다.

[전문개정 2014.5.20.]

제7조(위험 방지를 위한 출입) ① 경찰관은 제5조제1항·제2항 및 제6조에 따른 위험한 사태가 발생하여 사람의 생명·신체 또는 재산에 대한 위해가 임박한 때에 그 위해를 방지하거나 피해자를 구조하기 위하여 부득이하다고 인정하면 합리적으로 판단하여 필요한 한도에서 다른 사람의 토지·건물·배 또는 차에 출입할 수 있다.

② 흥행장(興行場), 여관, 음식점, 역, 그 밖에 많은 사람이 출입하는 장소의 관리자나 그에 준하는 관계인은 경찰관이 범죄나 사람의 생명·신체·재산에 대한 위해를 예방하기 위하여 해당 장소의 영업시간이나 해당 장소가 일반인에게 공개된 시간에 그 장소에 출입하겠다고 요구하면 정당한 이유 없이 그 요구를 거절할 수 없다.

③ 경찰관은 대간첩 작전 수행에 필요할 때에는 작전지역에서 제2항에 따른 장소를 검색할 수 있다.

④ 경찰관은 제1항부터 제3항까지의 규정에 따라 필요한 장소에 출입할 때에는 그 신분을 표시하는 증표를 제시하여야 하며, 함부로 관계인이 하는 정당한 업무를 방해해서는 아니 된다.

[전문개정 2014.5.20.]

2) 사전준비

- 진압부대별 명확한 임무의 부여 – 외곽 차단조, 진입 사복조, 지원조, 공중침투조, 특수장비 운용조 등
- 철저한 현장답사 및 설계도 등에 의한 건물내부의 확인
- 최악의 경우를 예상하여 계획을 수립
- 투입 전 사전영장 또는 공권력 투입요청서 징수
- 경력(警力)의 안전에 주의하고 각종 장비의 점검 및 확보
- 진입 및 철수 순서의 명확한 지시 및 교양

3) 건물진입

- 최대한 은밀히 접근하되 노출시 과감하고 신속한 이동
- 외곽 차단조, 안전장비 운용조, 검거 · 수색 · 채증조, 호송조 순으로 투입
- 다양한 진입로를 개설하여 동시에 진입하고 가능한 건물 위층에서부터 진입
- 옥상진입로의 우선차단과 농성자 검거시 창쪽에 두는 것을 방지

4) 검거 · 연행 · 호송

- 선(先)채증 · 후(後)체포,
- 검거시 미란다 원칙 고지
- 여성의 경우 가능한 한 여경을 참여시킴
- 많은 경력(警力)을 사용하여 검거함
- 신체적 접촉에 유의해야 함

제2절 관련규정의 유의사항

1. 보호규정

헌법 제21조에 의하며, '모든 국민은 언론, 출판의 자유와 집회, 결사의 자유를 가진다'고 규정하여 집회의 자유를 보장하였으며, 집회 및 시위에 관한 법률 제3조 1항에는 누구든지 폭행, 협박, 기타 방법으로 평화적인 집회 시위를 방해하거나 질서를 문란하게 하여서는 아니된다 라고 규정하고 있어 평화적인 집회 및 시위를 보호하고 이를 위반시는 3년 이하의 징역 또는 300만원 이하의 벌금을 처하고 경찰관이 이를 위반하였을 때는 5년 이하의 징역에 처하도록 엄격히 규정하고 있다.

헌법 제21조 ① 모든 국민은 언론・출판의 자유와 집회・결사의 자유를 가진다.

② 언론・출판에 대한 허가나 검열과 집회・결사에 대한 허가는 인정되지 아니한다.

③ 통신・방송의 시설기준과 신문의 기능을 보장하기 위하여 필요한 사항은 법률로 정한다.

④ 언론・출판은 타인의 명예나 권리 또는 공중도덕이나 사회윤리를 침해하여서는 아니된다. 언론・출판이 타인의 명예나 권리를 침해한 때에는 피해자는 이에 대한 피해의 배상을 청구할 수 있다.

집회와 시위에 관한 법률 제3조(집회 및 시위에 대한 방해 금지) ① 누구든지 폭행, 협박, 그 밖의 방법으로 평화적인 집회 또는 시위를 방해하거나 질서를 문란하게 하여서는 아니 된다.

② 누구든지 폭행, 협박, 그 밖의 방법으로 집회 또는 시위의 주최자나 질서유지인의 이 법의 규정에 따른 임무 수행을 방해하여서는 아니 된다.

③ 집회 또는 시위의 주최자는 평화적인 집회 또는 시위가 방해받을 염려가 있다고 인정되면 관할 경찰관서에 그 사실을 알려 보호를 요청할 수 있다. 이 경우 관할 경찰관서의 장은 정당한 사유 없이 보호 요청을 거절하여서는 아니 된다.

2. 제한규정

헌법 제37조 2항에 보면 '국민의 자유와 권리는 국가안전보장, 질서 유지 또는 공공복리를 위하여 필요한 경우에 한하여 법률로서 제한할 수 있다'라고 규정하여 필요한 경우에는 제한 법률을 규정할 수 있는 근거를 명시하고 있으며, 동법 제76조 1항은 대통령은 내무, 외한, 천재내우, 외환, 천재지변 또는 중대한 재정경제상의 위기에 있어서 안녕을 유지하기 위하여 긴급한 조치가 필요하고 국회의 소집을 기다릴 이유가 없을 때에 한하여 최소한으로 명령을, 필요한 재정경제상의 처분을 하거나 이에 관하여 법률의 효력을 명령을 발할 수 있다.

헌법 제37조 ① 국민의 자유와 권리는 헌법에 열거되지 아니한 이유로 경시되지 아니한다.
② 국민의 모든 자유와 권리는 국가안전보장 · 질서유지 또는 공공복리를 위하여 필요한 경우에 한하여 법률로써 제한할 수 있으며, 제한하는 경우에도 자유와 권리의 본질적인 내용을 침해할 수 없다.

제76조 ① 대통령은 내우 · 외환 · 천재 · 지변 또는 중대한 재정 · 경제상의 위기에 있어서 국가의 안전보장 또는 공공의 안녕질서를 유지하기 위하여 긴급한 조치가 필요하고 국회의 집회를 기다릴 여유가 없을 때에 한하여 최소한으로 필요한 재정 · 경제상의 처분을 하거나 이에 관하여 법률의 효력을 가지는 명령을 발할 수 있다.
② 대통령은 국가의 안위에 관계되는 중대한 교전상태에 있어서 국가를 보위하기 위하여 긴급한 조치가 필요하고 국회의 집회가 불가능한 때에 한하여 법률의 효력을 가지는 명령을 발할 수 있다.
③ 대통령은 제1항과 제2항의 처분 또는 명령을 한 때에는 지체없이 국회에 보고하여 그 승인을 얻어야 한다.
④ 제3항의 승인을 얻지 못한 때에는 그 처분 또는 명령은 그때부터 효력을 상실한다. 이 경우 그 명령에 의하여 개정 또는 폐지되었던 법률은 그 명령이 승인을 얻지 못한 때부터 당연히 효력을 회복한다.
⑤ 대통령은 제3항과 제4항의 사유를 지체없이 공포하여야 한다.

3. 집회, 시위법상 제한 및 예외

집회 및 시위는 다중에 의하여 이루어지기 때문에 다중은 군중심리에 잘 흡수되고 좌우되어 사회질서를 파괴하는 경우가 허다하여 집회, 시위에는 여러 가지 제한을 가할 필요가 있고, 다중범죄가 사회에 미치는 해독을 보다 철저히 막아야 한다는 것이 세계적인 추세이다.

제5조 (집회 및 시위의 금지) 누구든지 다음 각호의 1에 해당하는 집회 또는 시위를 주최하여서는 아니된다 (2년 이하의 징역 또는 200만원 이하 벌금) 헌법재판소의 결정에 의하여 해산된 정당의 목적을 달성하기 위한 정당의 목적을 달성하기 위한 집회 또는 시위, 집단적인 폭행, 협박, 공공의 안녕질서에 직접적인 위협을 가할 것이 명백한 집회 또는 시위 누구든지 제1항의 규정에 의하여 금지된 집회 또는 시위를 할 것을 선전하거나 선동하여서는 아니된다.

도로교통법 제8조 (보행자)	• 보행자는 보도와 차도가 구분된 도로에서는 차도를 횡당하는 때 도로 공사 등으로 보도의 통행이 금지된 때 그 밖의 부득이한 경우를 제회하고는 언제나 보도를 통행하여야 한다. • 보행자는 보도와 차도가 구분되지 아니한 도로에서는 도로의 좌측 또는 길가장자리 구역을 통행하여야 한다.
노동쟁의 조정법 제13조 (폭력행위 등의 금지)	• 쟁의행위는 폭력이나 파괴행위로써 이를 행할 수 없으며 공장, 사업장 기타 직장에 대한 안전시설의 정당한 운영을 정지, 폐지 또는 방해하는 행위는 쟁의행위로서 이를 행할 수 없다.
형법 제115조 (소요죄)	• 다중이 집합하여 폭행, 협박 또는 손괴의 행위를 한 자는 1년 이상 10년 이하의 징역이나 금고 또는 200만원 이하 벌금에 처한다.
형법 제116조 (다중불해산죄)	• 폭행, 협박 또는 손괴의 행위를 할 목적으로 다중이 집합하여 그를 단속할 권한이 있는 공무원으로부터 3회 이상의 해산명령을 받고 해산하지 아니한 자는 2년 이하의 징역이나 금고 또는 40만원 이하의 벌금에 처한다.
경범죄처벌법 제1조 26호 (인근 소란 등)	• 악기, 라디오, 텔레비전, 전축, 종, 확성기, 전공기 등의 소리를 지나치게 크게 내거나 큰소리로 떠들거나 노래를 불러 이웃을 시끄럽게 한 사람
경범죄처벌법 제1조 28호 (물건던지기 등 위험행위)	• 다른 사람의 신체나 다른 사람 또는 단체의 물건에 해를 끼칠 우려가 있는 곳에 상당한 주의를 하지 아니하고 물건을 던지거나 붓거나 쏜 사람
화염병 사용 등 처벌에 관한 법률 제3조 (화염병의 사용)	• 화염병을 사용하여 사람의 생명, 신체 또는 재산에 위험을 발생하게 한 자는 5년 이상의 징역 또는 500만원 이하의 벌금에 처한다. 전항의 미수범은 처벌한다.
화염병 사용 등 철벌에 관한 법률 제5조 (화염병의 제조, 소지 등)	• 화염병을 제조하거나 보관, 운반, 소지한 자는 3년 이하의 징역 또는 300만원 이하의 벌금에 처한다. 화염병의 제조에 제공할 목적으로 유리병 기타의 용기에 휘발유, 등유, 기타 불붙기 쉬운 물질을 넣은 물건으로서 이에 발화장치나 점화장치를 하면 화염병이 되는 것을 보관, 운반, 소지한 자도 제1항과 같다. 화염병 제조에 제공할 목적으로 화염병의 사용의 위험이 있는 장소에서 그 제조에 사용되는 물건 또는 보관, 운반, 소지한 자는 1년 이하의 징역 또는 100만원 이하의 벌금에 처한다.

제3절 주요 판례연구

1) 대법원 1990.8.14. 선고 90도870 판결 【집회및시위에관한법률위반】

【판시사항】

가. 집회및시위에관한법률 소정의 신고 없이 이루어진 옥외집회 또는 시위를 사전에 관할 경찰서가 안 경우 사회상규에 반하지 아니하는 정당행위라고 볼 수 있는지 여부(소극)

나. 신고된 갑대학교에서의 집회가 집회장소 사용 승낙을 하지 아니한 갑대학교측의 요청으로 경찰관들에 의하여 저지되자, 신고 없이 을대학교로 옮겨 집회를 한 것이 긴급피난에 해당하는지 여부(소극)

【판결요지】

가. 옥외집회 또는 시위가 개최될 것이라는 것을 관할 경찰서가 알고 있었다거나 그 집회 또는 시위가 평화롭게 이루어진다 하여 신구 집회및시위에관한법률 소정의 신고의무가 면제되는 것이라고는 할 수 없으므로 소정의 신고서 제출 없이 이루어진 옥외집회 또는 시위를 사회상규에 반하지 아니하는 정당한 행위라고 할 수는 없다.

나. 집회장소 사용 승낙을 하지 않은 갑대학교측의 집회 저지 협조요청에 따라 경찰관들이 갑대학교 출입문에서 신고된 갑대학교에서의 집회에 참가하려는 자의 출입을 저지한 것은 경찰관직무집행법 제6조의 주거침입행위에 대한 사전 제지조치로 볼 수 있고, 비록 그 때문에 소정의 신고없이 을대학교로 장소를 옮겨서 집회를 하였다 하여 그 신고없이 한 집회가 긴급피난에 해당한다고도 할 수 없다.

2) 대법원 1991.11.26. 선고 91도2440 판결 【집회및시위에관한법률위반】

【판시사항】

40여 명이 하천부지에서 과격한 내용의 구호나 노래 또는 다중의 위력을 통한 폭행이나 협박 없이 한 시위가 집회및시위에관한법률 제5조 제1항 제2호 소정의 시위에 해당하지 아니한다고 본 사례

【판결요지】
시위가, 참가인원이 40여 명에 불과하고, 그 장소가 하천부지로서 교통소통이나 일반인의 생활에 아무런 지장을 주지 않는 곳이며, 또한 시위 당시의 구호나 노래의 내용 등에 과격한 면이 보이지 않고 달리 다중의 위력을 통한 폭행이나 협박이 없었던 점에 비추어, 집회및시위에관한법률 제5조 제1항 제2호 소정의 공공의 안녕질서에 직접적인 위협을 가할 것이 명백한 시위에 해당하지 아니한다고 본 사례.

3) 대법원 1992.8.18. 선고 91도2771 판결 【집회및시위에관한법률위반】

【판시사항】
피고인 등 약 600명의 노동조합원들이 보도가 따로 마련되어 있지 아니한 도로 우측의 편도 2차선의 대부분을 차지하면서 행진하는 방법으로 시위를 함으로써 나머지 편도 2차선으로 상, 하행차량이 통행하느라 차량의 소통이 방해되었다 하더라도 그 시위행위에 대하여 일반교통방해죄를 적용할 수 없다고 한 사례

【판결요지】
피고인 등 약 600명의 노동조합원들이 차도만 설치되어 있을 뿐 보도는 따로 마련되어 있지 아니한 도로 우측의 편도 2차선의 대부분을 차지하면서 대오를 이루어 행진하는 방법으로 시위를 하고 이로 인하여 나머지 편도 2차선으로 상, 하행차량이 통행하느라 차량의 소통이 방해되었다 하더라도 피고인 등의 시위행위에 대하여 일반교통방해죄를 적용할 수 없다고 한 사례.

제 6 장

재난경비

경찰경비론

제 6 장

재난경비

제1절 재난경비의 의의

- 1990년대에 접어들면서 삼풍사고, 성수대교 붕괴 등의 수 많은 인적 재난이 발생하면서, '재난관리법'이 제정되어 총리실에서 재난관리업무를 총괄하게 됨.
- 2004년에는 '재난 및 안전관리기본법'이 제정되어 재난관리 전담기구로서 소방방재청이 개청되었음.
- 2014년 세월호 침몰사고 후 국가조직을 개편하여 소방방재청과 해양경찰청이 해체되고 국민안전처가 발족하게 됨.

[그림 6-1] 삼풍백화점 붕괴

[그림 6-2] 성수대교 붕괴

[그림 6-3] 세월호 침몰

1. 재난의 개념

- 재난경비에서 말하는 재난(災難)이란 과거 재난관리법에서 규정한 재난과 자연재해대책법상의 재해를 포함한 개념이다.
- 재난은 일상성, 타율성, 익명성, 불확실성, 재난불감증 등을 특징으로 한다.

2. 재난의 특성

누적성	일반적으로 재난이 발생하기 전부터 위험요인들이 오랫동안 누적되어 오다가 특정한 시점에서 표출된 결과이다.
인지성	재난에 대한 인지가 위험의 객관적인 사실과 주관적 인지의 불일치 즉, 재난의 위험성에 대해 실제적 위험의 존재와 그 위험을 위험으로 인지하는 주관적 인지차원간의 불일치가 있다.
불확실성	재난은 기존에 존재하는 재난자체의 특성이 변할 수 있고 그에 따라 재난관리조직도 기존의 대응차원이 아닌 새로운 조치들을 취할 수밖에 없게 될지도 모르고 재난의 상황에 따라 선형적·기계적인 과정만을 따르는 것이 아니라 비선형적·유기적 혹은 진화적인 과정을 따를 수도 있다.
복잡성	재난 자체의 구조가 복잡하고 재난의 발생 후에 관련된 기관들 간의 관계에서 야기되는 문제가 복잡하다.

3. 재난관리체계를 설계함에 있어 갖춰야 할 구조적 당위성

통합성	재난에 관여하는 조직구조의 "통합성"
학습성	재난이 자주 일어나는 것이 아니므로 적은 경험으로부터 교훈을 얻어 조직구성원의 행동과 행태를 수정해야 한다.
협력성	재난에 관여하는 부처의 이기주의를 막고 현장지휘자를 중심으로 원활한 협조체계를 구축하여 현장 중심의 총체적 활동을 하여야 한다.
유기성	재해현장에 파견된 인력의 전문성과 조직성을 갖추고 신속하게 대응할 수 있도록 하여야 한다.

제2절 우리나라의 재난관련 법률

- 재난과 관련하여 대한민국 헌법 제34조 제6항에서는 '국가는 재해를 예방하고 그 위험으로부터 국민을 보호하기 위하여 노력하여야 한다'고 명시되어 있다.
- 국가재난 및 안전을 총괄하는 기본법으로서 재난관리의 기본적인 사항을 규정한 '재난 및 안전관리 기본법'이 제정됨.
- 전통적 안보개념에서의 '민방위 기본법'이 함께 운영됨.
- 재난관리에 있어 기본이 되는 '재난 및 안전관리기본법' 외에 안전관리와 관련된 법률이 정부조직의 13개 부처에 80여 개 개별법으로 운영되고 있고, 재난 종류와 상황에 따라 각 정부 부처별로 관장하는 개별법에 따른 각 부처의 고유업무로 이원화되어 있어 정부 부처별 타 부처의 안전관련 개별법과 연계성이 미약하고 타 부처의 소관 법률과 내용을 알지 못한다는 것이 문제로 대두되고 있음.
- 현행 우리나라의 재해 관리체계는 자연재해대책법, 재난및안전관리기본법, 민방위기본법의 3원체계라고 할 수 있음.

1. 자연재해대책법

1) 연혁

풍수해대책법 [시행 1967.6.1.] [법률 제1894호, 1967.2.28., 제정]

[신규제정]
국토와 국민의 생명·신체 및 재산을 재해로부터 보호하기 위하여 방재계획의 수립과 재해예방·재해응급대책·재해복구 기타 재해대책에 관하여 필요한 사항을 규정하려는 것임.
① 국가는 국토건설종합계획법에 의한 국토건설종합계획과의 조정하에 방재에 관한 기본계획을 수립하도록 함.
② 재해발생시 재해응급대책을 총괄조정하고 필요한 조치를 하기 위하여 국무총리소속하에 재해대책본부를 두도록 함.
③ 재해예방으로서 방재조직의 정비, 방재에 관한 교육 및 훈련, 방재용 물자와 자재의 비축 및 정비

등을 규정함.
④ 재해가 발생하였거나 발생할 우려가 있을 때에는 재해의 발생을 예방하거나 경감하기 위하여 경보의 발령・피난・시설 또는 설비의 응급복구등 재해응급대책을 시행하도록 함.

(1차 개정) 풍수해대책법 [시행 1981.12.17.] [법률 제3461호, 1981.12.17., 일부개정]

(2차 전부개정) 자연재해대책법 [시행 1996.6.7.] [법률 제4993호, 1995.12.6., 전부개정]
[전문개정]
도시화 및 산업화에 따라 재해취약요인이 증가하고 세계적인 기상이변 현상으로 인하여 자연재해 발생이 빈발하고 대형화되어 가는 추세에 있어 각종 자연재해에 대한 적극적인 대처와 재해예방을 위하여 필요한 재해영향평가제도를 도입하고, 지방자치단체의 방재역량을 제고하며 지진방재를 위한 법적 근거를 마련하려는 것임.
① 자연재해의 범위에 홍수・호우・폭설・폭풍・해일등의 재해외에 지진・가뭄을 추가함.
② 재해대책에 관한 중요사항을 심의하기 위하여 내무부장관소속하에 재해대책위원회를 두고, 재해예방・재해응급대책・재해복구등에 관한 사항을 총괄 조정하기 위하여 중앙재해대책본부를 설치・운영하도록 하며, 시・도 및 시・군・구에 지방재해대책본부를 설치・운영하도록 함.
③ 내무부장관은 중앙행정기관의 방재기본계획요구서를 종합하여 방재기본계획을 수립하고, 중앙행정기관 및 지방자치단체는 매년 소관사항에 대한 방재집행계획과 지역방재계획을 수립・시행하도록 함.
④ 방재에 책임이 있는 각급 행정기관은 소관 시설에 대한 점검・정비등 재해예방을 위한 필요한 조치를 취하고, 시장・군수・구청장은 방재교육・훈련을 실시하며, 방재용물자등을 비축하도록 함.
⑤ 재해에 영향을 미칠 대규모 개발사업을 하고자 하는 자는 재해영향평가서를 작성하여 관계행정기관에 제출하고, 관계행정기관은 이를 검토하여 내무부장관과 협의하도록 하며, 내무부장관은 재해영향평가위원회의 심의를 거쳐 관계행정기관에 통보하도록 함.
⑥ 내무부장관과 관계중앙행정기관의 장은 지진방재대책을 강구하도록 하고, 내진설계기준을 정하여 관계법령등에 규정하도록 함.
⑦ 방재에 책임이 있는 각급행정기관은 재해가 발생할 우려가 있거나 재해가 발생한 때에는 수방・지진방재・구호・응급복구등 재해응급대책을 실시하도록 하고, 응급조치를 위하여 필요한 경우에는 수송업자등에 대한 응급조치 종사명령을 하거나 시설・물자등을 사용할 수 있도록 함.
⑧ 내무부장관은 대규모 재해가 발생한 때에는 관계행정기관과 합동으로 현지조사후 재해복구계획을 수립하여 중앙재해대책본부회의의 심의를 거쳐 확정하도록 함.

⑨ 지방자치단체는 재해대책에 소요되는 비용에 충당하기 위하여 매년 지방세중 보통세 수입결산액의 1천분의 8에 해당하는 금액을 재해대책기금으로 적립하도록 함.

(3차 개정) 자연재해대책법 [시행 1999.1.29.] [법률 제5714호, 1999.1.29., 일부개정]
(4차 개정) 자연재해대책법 [시행 2002.9.5.] [법률 제6735호, 2002.9.5., 일부개정]
(5차 개정) 자연재해대책법 [시행 2003.6.30.] [법률 제6900호, 2003.5.29., 일부개정]
(6차 개정) 자연재해대책법 [시행 2005.7.27.] [법률 제7359호, 2005.1.27., 전부개정]
(7차 개정) 자연재해대책법 [시행 2007.7.3.] [법률 제8170호, 2007.1.3., 일부개정]
(8차 개정) 자연재해대책법 [시행 2008.9.28.] [법률 제8999호, 2008.3.28., 일부개정]
(9차 개정) 자연재해대책법 [시행 2008.12.26.] [법률 제9204호, 2008.12.26., 일부개정]
(10차 개정) 자연재해대책법 [시행 2009.7.1.] [법률 제9298호, 2008.12.31., 일부개정]
(11차 개정) 자연재해대책법 [시행 2010.7.23.] [법률 제10384호, 2010.7.23., 일부개정]
(12차 개정) 자연재해대책법 [시행 2011.3.7.] [법률 제10433호, 2011.3.7., 일부개정]
(13차 개정) 자연재해대책법 [시행 2012.8.23.] [법률 제11345호, 2012.2.22., 일부개정]
(14차 개정) 자연재해대책법 [시행 2013.4.23.] [법률 제11495호, 2012.10.22., 일부개정]
(15차 개정) 자연재해대책법 [시행 2014.8.7.] [법률 제11993호, 2013.8.6., 일부개정]
(16차 개정) 자연재해대책법 [시행 2015.5.15.] [법률 제12577호, 2014.5.14., 일부개정]

(17차 개정) 자연재해대책법 [시행 2015.12.31.] [법률 제12942호, 2014.12.30., 일부개정]

[일부개정]

- 개정이유

금년 겨울 경주지역에 시간당 50센티미터의 적설량을 기록하기도 한 가운데 경주 소재의 모 리조트 내 시설이 적설하중을 견디지 못하고 붕괴되는 사고가 발생하였고, 이에 대하여 리조트 내 해당 시설물의 지붕에 대한 제설 작업이 행사 전 이루어졌다면 사고를 미연에 방지할 수 있었을 거라는 지적이 있음.

현행 법률은 설해대책 일환으로 건축물관리자에 해당 시설 주변 보도, 이면도로 및 보행자 전용도로에 제설・제빙 의무를 부여하고 있는바, 그 범위를 건축물의 지붕에까지 확대하여 적설하중(積雪荷重)에 대비할 필요가 있음.

또한 가뭄 방재를 위한 조사 및 연구를 위하여 관계 행정기관의 장이나 기상관측 연구기관의 장에게 자료 협조를 요청할 수 있도록 하고 있으나, 소장하고 있는 가뭄 관련 자료와 같은 문헌의 요청에 그치고 있어 전문적인 조사 및 연구가 이루어지지 못하고 있다는 비판이 있으므로 가뭄 방재에 관한 자료 협조 체계를 개선하려는 것임.

• 주요내용

가. 건축물관리자의 제설・제빙 책임 범위를 시설물의 지붕으로까지 확대하며, 그 세부적인 사항은 대통령령으로 정함(제27조제1항).

나. 가뭄 방재를 위한 전문적인 조사・연구를 위하여 관계 행정기관의 장이나 기상관측 연구기관의 장에게 가뭄의 현황, 가뭄의 피해상황, 가뭄의 극복 방안 등 필요한 자료를 요청할 수 있도록 함(제29조제2항).

(18차 개정) 자연재해대책법 [시행 2015.7.20.] [법률 제13418호, 2015.7.20., 일부개정]

(19차 개정) 자연재해대책법 [시행 2017.1.28.] [법률 제13924호, 2016.1.27., 일부개정]

[일부개정]

• 개정이유

국민안전처장관이 재난의 예방・대비 등 재난 및 안전관리 업무를 총괄・조정하도록 하는 등의 내용으로 「재난 및 안전관리 기본법」이 개정됨에 따라, 사전재해영향성 검토협의 등 이 법에서 정하고 있는 일부 업무의 주체를 중앙재난안전대책본부의 본부장에서 국민안전처장관으로 변경하고, 사전재해영향성 검토협의 내용의 이행을 강화하기 위하여 사전재해영향성 검토협의 내용의 이행에 관한 관리절차를 구체화하는 한편, 방재관리대책 업무를 대행하는 자의 등록취소사유를 보완하는 등 현행 제도의 운영상 나타난 일부 미비점을 개선・보완하며,행위능력에 관하여 금치산 및 한정치산 제도를 폐지하고 성년후견, 한정후견 등의 새로운 제도를 도입하는 내용으로 「민법」이 개정됨에 따라 금치산자 및 한정치산자를 피성년후견인 및 피한정후견인으로 개정하며, 파산선고를 받고 복권되지 아니한 자에 대한 과중한 권리제약을 완화하려는 것임.

• 주요내용

가. 재난 예방・대비 업무의 주체 변경(제4조, 제6조, 제7조, 제8조 및 제9조 등)

「재난 및 안전관리 기본법」의 개정에 따라 사전재해영향성 검토협의, 재해 원인 조사・분석・평가 등 이 법에서 정하고 있는 재난의 예방・대비에 관한 업무의 주체를 중앙재난안전대책본부의 본부장에서 국민안전처장관으로 변경함.

나. 사전재해영향성 재검토협의 제도의 도입(제5조의2 신설)

관계 중앙행정기관의 장 및 특별시장・광역시장 등 관계 행정기관의 장은 사전재해영향성 검토협의를 완료한 행정계획 및 개발사업이 변경되는 경우에는 그 변경되는 행정계획 등의 확정・허가 등을 하기 전에 국민안전처장관과 사전재해영향성 검토협의를 다시 하도록 함.

다. 사전재해영향성 검토협의 내용의 이행 및 관리 방법의 구체화(제6조제3항 및 제4항, 제6조의3 신설)

1) 사업시행자는 개발사업에 대한 사전재해영향성 검토협의 내용의 이행을 관리하기 위하여 검토협의 내용 관리책임자를 지정하여 국민안전처장관 및 관계 행정기관의 장에게 통보하도록 함.
2) 사업시행자는 개발사업에 대한 사전재해영향성 검토협의 내용을 성실히 이행하기 위하여 관리대장에 검토협의 내용의 이행 상황을 기록하고, 관리대장을 공사현장에 갖추어 두도록 함.
3) 관계 행정기관의 장은 사업시행자가 사전재해영향성 검토협의 내용을 이행하는지를 확인하도록 하고, 개발사업의 준공검사를 하는 경우에는 검토협의 내용의 이행 여부를 확인하여 그 결과를 국민안전처장관에게 통보하도록 함.

라. 사전재해영향성 검토협의 이행 조치 명령제도의 보완(제6조의4 신설)
1) 관계 행정기관의 장은 사업시행자가 사전재해영향성 검토협의 내용을 이행하지 아니하였을 때에는 그 이행에 필요한 조치를 명하도록 함.
2) 관계 행정기관의 장은 사업시행자가 조치 명령을 이행하지 아니하여 재해에 중대한 영향을 미치는 것으로 판단되는 경우에는 해당 개발사업의 전부 또는 일부에 대한 공사 중지를 명하도록 함.

마. 방재관리대책 업무 대행자 등록의 결격사유 완화(제39조)
방재관리대책 업무 대행자 등록의 결격사유 중 파산선고를 받고 복권되지 아니한 사람을 제외함.

바. 방재관리대책 업무 대행자의 등록취소 등의 사유 보완(제42조제1항제4호 및 제7호 신설)
방재관리대책 업무 대행자의 등록취소 등의 사유로 「부가가치세법」에 따른 폐업신고를 한 경우와 휴업한 사업에 대하여 사업 재개의 신고를 하지 아니하고 사업을 재개한 경우 등을 추가함.

2) 법률

자연재해대책법

제1조(목적) 이 법은 태풍, 홍수 등 자연현상으로 인한 재난으로부터 국토를 보존하고 국민의 생명·신체 및 재산과 주요 기간시설(基幹施設)을 보호하기 위하여 자연재해의 예방·복구 및 그 밖의 대책에 관하여 필요한 사항을 규정함을 목적으로 한다.
[전문개정 2011.3.7.]

제2조(정의) 이 법에서 사용하는 용어의 뜻은 다음과 같다. 〈개정 2012.2.22., 2013.8.6., 2014.11.19., 2016.1.27.〉

1. "재해"란 「재난 및 안전관리 기본법」(이하 "기본법"이라 한다) 제3조제1호에 따른 재난으로 인

하여 발생하는 피해를 말한다.

2. "자연재해"란 제1호에 따른 재해 중 기본법 제3조제1호가목에 따른 자연현상으로 인하여 발생하는 재해를 말한다.
3. "풍수해"(風水害)란 태풍, 홍수, 호우, 강풍, 풍랑, 해일, 조수, 대설, 그 밖에 이에 준하는 자연현상으로 인하여 발생하는 재해를 말한다.
4. "사전재해영향성검토"란 자연재해에 영향을 미치는 각종 행정계획 및 개발사업(이하 "개발계획등"이라 한다)으로 인한 재해 유발 요인을 예측·분석하고 이에 대한 대책을 마련하는 것을 말한다.
5. "풍수해저감종합계획"이란 지역별로 풍수해의 예방 및 저감(低減)을 위하여 특별시장·광역시장·특별자치시장·도지사·특별자치도지사(이하 "시·도지사"라 한다) 및 시장·군수가 지역안전도에 대한 진단 등을 거쳐 수립한 종합계획을 말한다.
6. "우수유출저감시설"이란 우수(雨水)의 직접적인 유출을 억제하기 위하여 인위적으로 우수를 지하로 스며들게 하거나 지하에 가두어 두는 시설을 말한다.
7. "수방기준"(水防基準)이란 풍수해로부터 시설물의 수해 내구성(耐久性)을 강화하고 지하 공간의 침수를 방지하기 위하여 관계 중앙행정기관의 장 또는 국민안전처장관이 정하는 기준을 말한다.
8. "침수흔적도"란 풍수해로 인한 침수 기록을 표시한 도면을 말한다.
9. "재해복구보조금"이란 중앙행정기관이 재해복구사업을 위하여 특별시·광역시·특별자치시·도·특별자치도(이하 "시·도"라 한다) 및 시·군·구(자치구를 말한다. 이하 같다)에 지원하는 보조금을 말한다.
10. 삭제 〈2013.8.6.〉
11. "지구단위 홍수방어기준"이란 상습침수지역이나 재해위험도가 높은 지역에 대하여 침수 피해를 방지하기 위하여 국민안전처장관이 정한 기준을 말한다.
12. "재해지도"란 풍수해로 인한 침수 흔적, 침수 예상 및 재해정보 등을 표시한 도면을 말한다.
13. "방재관리대책대행자"란 사전재해영향성검토 등 방재관리대책에 관한 업무를 전문적으로 대행하기 위하여 제38조제2항에 따라 국민안전처장관에게 등록한 자를 말한다.
14. "지역안전도 진단"이란 자연재해 위험에 대하여 지역별로 안전도를 진단하는 것을 말한다.
15. "방재기술"이란 자연재해의 예방·대비·대응·복구 및 기후변화에 신속하고 효율적인 대처를 통하여 인명과 재산 피해를 최소화시킬 수 있는 자연재해에 대한 예측·규명·저감·정보화 및 방재 관련 제품생산·제도·정책 등에 관한 모든 기술을 말한다.
16. "방재산업"이란 방재시설의 설계·시공·제작·관리, 방재제품의 생산·유통, 이와 관련된

서비스의 제공, 그 밖에 자연재해의 예방·대비·대응·복구 및 기후변화 적응과 관련된 산업을 말한다.

[전문개정 2011.3.7.]

2. 재난 및 안전관리기본법

1) 연혁

재난및안전관리기본법 [시행 2004.6.1.] [법률 제7188호, 2004.3.11., 제정]

[제정]

● 제정이유

각종 재난으로부터 국민의 생명·신체 및 재산을 보호하기 위하여 재해 및 재난 등으로 다원화되어 있는 재난관련 법령의 주요 내용을 통합함으로써 국가 및 지방단체의 재난에 대한 대응관리체계를 확립하고, 각 부처에 분산되어 있는 안전관리업무에 대한 총괄조정 기능을 보강하는 등 현행 제도의 문제점을 개선·보완하여 재난의 예방·수습·복구 및 긴급구조 등에 관하여 필요한 사항을 정리하려는 것임.

● 주요내용

가. 재난의 개념에 자연재해와 에너지·통신 등 국가기반체계의 마비 등으로 인한 피해를 포함하여 정의함(법 제3조제1호).

나. 국무총리 소속하에 국무총리를 위원장으로 하는 중앙안전관리위원회를 두어 안전관리에 관한 중요정책의 심의 및 총괄·조정 등을 하도록 함(법 제9조 및 제10조).

다. 대규모 재난의 예방·대응·복구 등에 관한 사항의 총괄·조정업무를 수행하기 위하여, 종전 주무부처에 설치되던 중앙사고대책본부를 중앙재난안전대책본부로 명칭을 변경하여 행정자치부에 설치하도록 하고, 주무부처에는 중앙사고수습본부를 설치하도록 하는 등 국가재난관리체계를 개편함(법 제14조).

라. 국무총리는 중앙행정기관의 장이 제출한 안전관리업무에 관한 기본계획을 종합하여 국가안전관리기본계획을 수립하고, 중앙행정기관의 장은 소관사항에 관한 집행계획을 수립하며, 시·도지사 및 시장·군수·구청장은 해당 시·도 및 시·군·구의 안전관리업무에 관한 계획을 수

립하도록 함(법 제22조 내지 제25조).

마. 소방방재청과 행정기관인 재난관리책임기관의 장은 재난의 발생이 우려되는 등의 사유가 있는 때에는 소속공무원으로 하여금 긴급안전점검을 실시하게 할 수 있도록 함(법 제30조).

바. 대통령은 재난의 발생으로 국가의 안녕 및 사회질서 유지에 중대한 영향을 미치거나 재난으로 인한 피해의 수습・복구를 위하여 특별한 조치가 필요한 지역을 특별재난지역으로 선포할 수 있도록 하고, 국가 및 지방자치단체는 특별재난지역으로 선포된 지역에 대하여 행정・재정・금융 의료상의 특별지원을 할 수 있도록 함(법 제59조 내지 61조).

사. 시・도지사, 시장・군수・구청장 및 긴급구조기관의 장은 관할 구역 안의 유지기관과 합동으로 정기 또는 수시로 재난대비훈련을 실시하도록 함(법 제73조).

아. 국가는 국민과 지방자치단체가 자기의 책임과 노력으로 재난에 대비할 수 있도록 재난관련 보험 또는 공제를 개발・보급하기 위하여 노력하도록 함(법 제76조).

(1차 개정) 재난 및 안전관리기본법 [시행 2007.7.27.] [법률 제8274호, 2007.1.26., 일부개정]

(2차 개정) 재난 및 안전관리기본법 [시행 2008.2.29.] [법률 제8856호, 2008.2.29., 일부개정]

(3차 개정) 재난 및 안전관리기본법 [시행 2008.12.26.] [법률 제9205호, 2008.12.26., 일부개정]

(4차 개정) 재난 및 안전관리기본법 [시행 2009.7.1.] [법률 제9299호, 2008.12.31., 일부개정]

(5차 개정) 재난 및 안전관리 기본법 [시행 2010.6.8.] [법률 제10347호, 2010.6.8., 일부개정]

[일부개정]

● 재난 및 안전관리기본법 개정이유

각종 재난이 대형화되고 빈번해짐에 따라 개별법에 의하여 산발적으로 운영되는 현행 재난관리체계는 많은 문제점을 가지고 있어, 예방・대응・대비・복구 등 재난관리체계 전반에 걸쳐 총괄・조정기능을 강화하며, 잠재적 위험요소를 발굴하고 신종・복합적 재난에 대비하기 위하여 정부차원에서 재난 및 안전관리를 강화하며, 모든 유형의 재난에 공통적으로 적용할 수 있는 '국가재난관리기준'의 제정, 체계적인 홍보계획의 수립, 상황보고체계 개선 등을 통하여 재난대비활동의 안전성과 책임성을 제고하는 한편, 어려운 용어를 쉬운 용어로 바꾸며, 길고 복잡한 문장은 체계 등을 정비하여 간결하게 하는 등 국민이 법 문장을 이해하기 쉽게 정비하려는 것임.

● 주요내용

가. 중앙재난조사평가협의회의 구성・운영(법 제10조의2 및 제10조의3 신설)

1) 태안 기름유출 사고 등과 같이 다수 기관이 관련되는 대형재난 발생 시 기관 간 협조 등 대응 과정상의 문제점이 반복적으로 발생하는 문제점이 있음.

2) 중앙안전관리위원회의 위원장이 재난의 발생 원인과 재난관리과정에 관한 조사・분석・평

가를 위하여 전문기관이나 단체 등이 참여하는 중앙재난조사평가협의회를 구성하여 운영하도록 하고, 협의회는 평가결과를 중앙안전관리위원회에게 통보하도록 하며, 중앙안전관리위원회의 위원장은 필요하다고 인정하는 경우 재난책임기관의 장에게 개선을 권고할 수 있도록 함.

3) 재난 대응과정상의 문제점에 대한 객관적인 평가・분석을 함으로써 유사한 재난에 대한 정책적 환류 기능을 확보할 수 있을 것으로 기대됨.

나. 안전관리업무의 심의・조정제도 도입(법 제15조의2 신설)

1) 개별법에 따라 안전관리업무가 운영됨에 따라 유사한 업무가 중복 집행되는 사례가 많아 이를 조정할 필요가 있음.

2) 행정안전부장관이 필요한 경우 또는 중앙행정기관의 장의 조정 요구가 있는 경우 중앙안전관리위원회 또는 조정위원회의 심의를 거쳐 조정하도록 함으로써 안전관리에 대한 유사・중복 업무가 해소되고, 자원의 불필요한 낭비와 중복 규제의 불편함이 감소할 것으로 기대됨.

다. 재난관리체계 우수기관 지원제도 도입(법 제29조제4항)

1) 재난관리체계 및 정비 실태에 대한 평가 후, 시정 조치나 보안 요구만 할 뿐 우수기관에 대한 지원방안이 없어 재난관리체계 정비에 대한 재난관리책임기관의 관심을 높이는 데 한계가 있음.

2) 행정안전부장관이나 소방방재청장은 재난관리체계 등에 대한 평가를 실시하고, 우수기관에 대해서는 예산지원 및 포상 등 필요한 조치를 할 수 있도록 함으로써 재난관리책임기관의 재난관리체계 정비에 대한 관심도를 제고할 수 있을 것으로 기대됨.

라. 재난예방을 위한 홍보계획 수립 강화(법 제34조)

1) 각급 재난관리책임기관의 안전관리계획에 별도의 홍보계획이 없어 신속한 주민홍보 및 언론대응이 곤란하고 나아가서 국민의 불신을 초래하고 있어 체계적인 재난홍보계획 수립이 필요함.

2) 중앙재난안전대책본부장이 재난예방홍보계획 수립지침을 작성하고, 중앙행정기관의 장이 부처단위의 재난예방홍보계획을 수립하며, 시・도지사가 시・도 재난유형별 홍보계획을 수립하는 등 각급 기관의 수준에 맞는 홍보계획 수립체계를 갖추는 한편, 중앙재난안전대책본부장은 재난 방송 및 홍보 프로그램을 개발・제작하여 재난관리책임기관의 장에게 제공할 수 있도록 함.

3) 재난의 예방 등을 위한 체계적인 홍보계획에 따라 신속하게 재난정보를 제공함으로써 행정에 대한 국민의 신뢰도를 높이고, 재난 방송 및 홍보 프로그램의 제공을 통하여 재난관리책임기관의 부담을 줄일 수 있을 것으로 기대됨.

마. 재난 대비 활동지침의 법적 근거 마련(법 제34조의2 신설)

1) 다양한 형태의 복합재난에 체계적으로 대응하는 지침이 되는 행동요령(매뉴얼)의 법적 근거가 미흡하여 유사시 신속대응에 문제점이 있음.

2) 중앙재난안전대책본부장은 국가가 관리할 필요가 있는 재난에 대하여 국가관리대상 재난으로 정하고, 해당 재난유형에 대하여 작성한 재난 대비 활동지침에 따라 재난관리책임기관의 장이 구체적인 실행방안을 마련하여 재난 대비를 하도록 함으로써 유사시 신속하고 효율적인 대응이 가능할 것으로 기대됨.

바. 국가재난관리기준 도입(법 제34조의3 신설)

1) 종전의 재난대응 방식에 따를 경우 다른 유형의 사건사고와 복합적으로 이어져 연쇄적으로 발생하는 재난에 대하여 유연하게 관리하기 어려워 대형 재난의 발생원인이 될 수 있음.

2) 행정안전부장관이 모든 유형의 재난에 공통적으로 적용할 수 있는 '국가재난관리기준'을 제정・운용하도록 하고, 이 기준을 재난관리책임기관의 소관업무에 적용하도록 권고할 수 있게 함.

3) 각종 사고와 재난의 특성에 맞는 기준을 제정하여 활용함으로써 재난예측의 불확실성과 재난관리체계의 불완전성을 보완하고 재난대비활동의 안전성과 책임성을 높일 수 있을 것으로 기대됨.

(6차 개정) 재난 및 안전관리 기본법 [시행 2011.3.29.] [법률 제10467호, 2011.3.29., 일부개정]

(7차 개정) 재난 및 안전관리 기본법 [시행 2012.8.23.] [법률 제11346호, 2012.2.22., 일부개정]

[일부개정]

• 개정이유

신속하고 정확한 재난정보 전달체계를 구축하기 위하여 재난정보의 전달 매체를 인터넷이나 신문까지 확대하고, 재난정보가 휴대전화 등 수신기 사용자에게 전달될 수 있도록 화면 표시 의무 규정을 두며, 재난 및 안전관리에 관한 주민들의 알 권리를 충족시키고 지방자치단체의 재난예방 노력을 유도하기 위하여 재난관리 공시제도를 도입하고, 재난 및 안전관리에 관한 과학기술의 진흥을 위하여 5년마다 '재난 및 안전관리기술개발종합계획'을 수립하도록 하는 한편, 안전조치 명령을 받은 소유자 등에 대하여 안전조치 이행계획서를 제출하도록 하여 자발적인 안전조치 이행을 유도하고, 행정안전부 및 소방방재청 등 재난관리책임기관으로 하여금 재난관리정보통신체계를 체계적으로 구축・운영하도록 하는 등 현행 제도의 운영상 나타난 일부 미비점을 개선・보완하려는 것임.

• 주요내용

가. 「재난 및 안전관리 기본법」과 「자연재해대책법」상의 자연재해 범위를 일치시키기 위하여 조수(潮水)를 자연재해에 포함시킴(안 제3조제1호가목).

나. 중앙안전관리위원회 위원장(국무총리) 궐위 시 직무대행을 재난・안전을 총괄하는 주무부처장

관인 행정안전부장관이 수행하도록 하고, 간사는 소방방재청장이 대행하도록 함(안 제9조의2 신설).

다. 해외에서 발생한 재난에 대해서는 중앙재난안전대책본부장의 권한을 외교통상부장관이 행사하도록 함(안 제14조제2항 단서 신설).

라. 국가안전관리기본계획을 수립하는 경우 조정위원회 사전 조정을 거치도록 하고, 관계 중앙행정기관의 장이 개별법령에 의하여 각종 재난 및 안전과 관련된 계획을 수립하는 때에는 국가안전관리기본계획 및 집행계획과 연계하여 작성하도록 함(안 제22조제4항, 안 제23조의2 신설).

마. 시장・군수・구청장은 전년도 재난의 발생 및 수습현황, 재난예방조치 실적, 재난관리기금의 적립 현황 등을 매년 1회 이상 관할지역 주민에게 공시하도록 함(안 제29조의2 신설).

바. 안전조치 명령을 받은 자는 안전조치 이행계획서를 재난관리책임기관의 장에게 제출하도록 하고, 소방방재청장과 재난관리책임기관의 장이 안전조치를 하는 경우로서 긴급한 경우에는 구두로 알리거나 안전조치를 먼저 한 후 그 결과를 통보할 수 있도록 함(안 제31조).

사. 중앙본부장과 지역본부장은 재난의 예보・경보・통지를 위하여 전기통신사업자에게 문자나 음성 송신뿐 아니라 인터넷 홈페이지 게시도 요청할 수 있도록 하고, 신문사업자 및 인터넷 신문사업자에게도 관련 정보의 게재를 요청할 수 있도록 하며, 전기통신사업자, 방송사업자, 휴대전화 또는 네비게이션 제조업자로 하여금 재난 정보가 휴대전화 등 수신기 화면에 반드시 표시될 수 있도록 소프트웨어나 기계적 장치를 갖추도록 함(안 제38조).

아. 재난피해 방지를 위한 대피명령 대상에 사람 이외에 선박, 자동차 등을 추가하고, 시장・군수・구청장 또는 지역통제단장(소방서장)이 지역주민 등을 강제로 대피 또는 퇴거시키기 위하여 필요한 경우에는 관할 경찰관서의 장에게 지원을 요청할 수 있도록 함(안 제40조 및 제42조).

자. 행정안전부장관으로 하여금 재난 및 안전관리에 관한 과학기술의 진흥을 위하여 5년마다 관계 중앙행정기관의 재난 및 안전관리기술개발에 관한 계획을 종합한 '재난 및 안전관리기술개발종합계획'을 수립하도록 함(안 제71조의2 신설).

차. 재난관리 업무를 효율적으로 추진하기 위하여 행정안전부장관, 소방방재청장과 재난관리책임기관 등은 재난관리정보통신체계를 구축・운영할 수 있도록 하고, 행정안전부장관은 재난관리정보통신체계의 연계운영 및 표준화를 위해 종합적인 정보통신체계를 구축・운영할 수 있도록 함(안 제74조).

카. 재난관리책임기관 등이 보유하고 있는 재난관리정보를 다른 재난관리책임기관 등과 공동으로 이용할 수 있도록 하고, 직무상 알게 된 재난관리정보를 누설하거나 권한 없이 다른 사람이 이용하도록 제공하는 행위를 금지하며 이를 위반한 자에게 200만원 이하의 벌금을 부과할 수 있도록 함(안 제74조의2 신설, 안 제80조제2호).

타. 행정안전부장관 등이 재난관리업무를 수행하면서 지시 위반 또는 부과된 임무를 게을리 한 공무원 등에게 문책을 요구하는 경우 사실을 입증하는 자료를 함께 통보하도록 하고, 행정안전부장관 등은 사실 입증을 위한 조사를 할 수 있도록 함(안 제77조).

(8차 개정) 재난 및 안전관리 기본법 [시행 2014.2.7.] [법률 제11994호, 2013.8.6., 일부개정]

[일부개정]

• 개정이유

각종 재난 및 사고로부터 국민의 안전이 확보될 수 있도록 국가와 지방자치단체의 재난 및 안전관리체계를 정비하고, 국민의 안전에 대한 가치와 인식을 높여 안전이 생활화될 수 있도록 안전문화를 진흥시키기 위한 기반을 마련하는 한편, 그 밖에 현행 제도의 운영상 나타난 일부 미비점을 개선・보완하려는 것임.

• 주요내용

가. 재난 및 사고 발생 시 재난관리주관기관의 명확화(안 제3조제5호의2 신설, 안 제15조의2)

재난 및 사고 발생 시 신속한 대응이 가능하도록 하기 위하여 재난 및 사고의 유형별로 예방・대응 및 복구 등의 업무를 주관하여 수행하는 중앙행정기관을 명확히 하기 위한 법적 근거를 마련하고, 재난발생 시 신속하게 중앙사고수습본부를 설치・운영하여 재난을 수습하도록 함.

나. 안전정책조정위원회의 심의・조정 기능 강화(안 제10조)

재난 및 안전관리업무에 관한 심의・조정이 실질적으로 이루어질 수 있도록 하기 위하여 중앙안전관리위원회에 두는 안전정책조정위원회의 심의기능을 강화하고, 심의・조정된 사항에 대한 이행상황을 점검하여 중앙안전관리위원회에 보고할 수 있도록 함.

다. 안전관리민관협력위원회의 구성・운영(안 제12조의2 신설)

재난 및 안전관리업무에 관한 국가 및 지방자치단체와 민간단체 간 협력을 강화하기 위하여 안전정책조정위원회의 위원장과 시・도 안전관리위원회 및 시・군・구 안전관리위원회의 위원장으로 하여금 안전관리민관협력위원회를 구성・운영할 수 있도록 함.

라. 재난현장 통합지휘소의 설치・운영(안 제16조제3항 신설)

재난현장에서의 지휘체계 혼선을 방지하고 효율적으로 재난 수습이 이루어질 수 있도록 하기 위하여 시・군・구재난안전대책본부의 장은 재난현장의 총괄・지휘 및 조정을 위한 재난현장 통합지휘소를 설치・운영할 수 있도록 함.

마. 재난안전상황실의 연계 강화(안 제18조)

재난정보의 수집・전파, 상황관리, 재난발생 시 초동조치 및 지휘 등이 효율적으로 이루어질 수 있도록 안전행정부에 설치된 중앙재난안전상황실과 각 기관별 재난안전상황실의 연계를 강화함.

바. 재난현장 긴급통신수단의 관리(안 제34조의2 신설)

재난현장에서의 통신두절 등으로 인한 혼선을 방지하기 위하여 재난관리책임기관의 장에게 유선, 무선 또는 위성통신망을 활용한 긴급통신수단을 마련하도록 하고, 안전행정부장관과 소방방재청장은 재난현장에서 긴급통신수단의 공동 활용을 위한 체계를 구축・운영하도록 함.

사. 위기관리매뉴얼 등의 작성・활용(안 제34조의4, 안 제34조의5 신설)

재난발생 시 신속하고 체계적인 대응이 이루어질 수 있도록 재난관리책임기관의 장은 기능별 재난대응 활동계획과 재난유형별 위기관리매뉴얼을 작성하여 활용하도록 함.

아. 안전기준의 등록(안 제34조의6 신설)

각종 안전기준을 국가차원에서 체계적으로 관리・운용할 수 있도록 중앙행정기관의 장은 안전기준을 신설하거나 변경하는 때에는 안전행정부장관에게 등록을 요청하도록 함.

자. 안전문화의 진흥(안 제66조의2, 제66조의5 및 제66조의9 신설)

1) 중앙행정기관의 장과 지방자치단체의 장은 국민의 안전의식을 높이고 안전문화를 진흥시키기 위한 교육, 홍보 등의 안전문화활동을 적극 추진하도록 함.
2) 중앙행정기관의 장 및 지방자치단체의 장은 안전문화 정착을 위하여 대국민 안전교육 및 학교 등 안전에 취약한 시설의 종사자 등에 대한 안전교육을 실시하도록 함.
3) 중앙행정기관의 장 또는 지방자치단체의 장은 지역축제를 개최하려면 지역축제 안전관리계획을 수립하고, 안전행정부장관, 소방방재청장 또는 시・도지사는 지역축제 안전관리계획의 이행 실태를 지도・점검하도록 함.

(9차 개정) 재난 및 안전관리 기본법 [시행 2014.12.30.] [법률 제12943호, 2014.12.30., 일부개정]

[일부개정]

• 개정이유

재난안전 컨트롤타워의 구축을 위하여 안전행정부, 소방방재청 및 해양경찰청 등에 분산되어 있는 재난안전 기능이 국민안전처로 통합・개편됨에 따라 이에 맞추어 재난대응 체계를 정비하고, 대규모 재난 발생 시 효과적인 재난수습을 위하여 필요한 경우에는 국무총리가 중앙대책본부장의 권한을 행사할 수 있도록 하며, 신속한 긴급구조를 위하여 재난현장에 특수기동구조대의 투입과 긴급구조기관의 통합지휘권 행사 등에 관한 사항을 정하고, 국민안전처장관이 재난 및 안전관리 사업 예산의 사전협의를 하도록 하는 등 재난 및 안전 관리체계를 강화하는 한편, 그 밖에 현행 제도의 운영상 나타난 일부 미비점을 개선・보완하려는 것임.

• 주요내용

가. 재난 및 안전관리 사업예산의 사전협의 및 사업평가(제10조의2 및 제10조의3 신설)

1) 중앙행정기관이 추진하는 재난 및 안전관리 사업의 효율성을 높이기 위하여, 국민안전처장관

은 중앙행정기관의 재난 및 안전관리 사업의 투자우선순위 등에 대한 의견서를 기획재정부장관에게 통보하고 기획재정부장관은 이를 토대로 예산안을 편성하도록 함.

2) 국민안전처장관은 매년 재난 및 안전관리 사업의 효과성과 효율성을 평가하여 관계 중앙행정기관의 장에게 통보하고, 관계 중앙행정기관의 장은 이를 반영하도록 함.

나. 대규모 재난의 효과적인 재난 수습을 위한 중앙대책본부장의 국무총리 격상(제14조)

대규모 재난 발생 시 효과적인 수습을 위하여 필요한 경우에는 국무총리가 중앙대책본부장의 권한을 행사하도록 함으로써 재난대응 및 수습에 필요한 총괄·조정 역량을 강화함.

다. 민간소유 시설 안전관리 강화(제27조제3항 및 제31조제1항)

민간 시설에 대한 안전관리를 강화하기 위하여 시설의 소유자 등은 안전점검 등을 실시하도록 하고, 그 결과 재난 발생 위험이 높은 경우에는 정밀안전진단 등 안전조치를 하도록 함.

라. 안전 점검 업무 수행공무원에 대한 사법경찰권 부여(제32조의2 신설)

안전 점검 업무의 실효성 강화를 위하여 긴급안전점검 업무를 수행하는 공무원에게 특별사법경찰관리의 직무를 수행할 수 있도록 함.

마. 민간소유 시설 위기상황 대처 매뉴얼의 작성·훈련(제34조의6 신설)

민간이 소유한 다중이용시설 등에서 발생하는 재난에 대한 대응능력을 높이기 위하여 위기상황에 대비할 수 있는 매뉴얼을 작성하고 주기적으로 훈련을 하도록 함.

바. 재난대비훈련 강화(제35조)

국민안전처장관 등 훈련주관기관의 장은 매년 정기적으로 또는 수시로 재난대비훈련을 실시하도록 의무화하고, 훈련 항목에 위기관리 매뉴얼의 숙달훈련을 포함하도록 하며, 훈련과정에서 나타난 미비사항, 위기관리 매뉴얼의 미비사항 등을 개선·보완하도록 함.

사. 재난현장의 지휘권 명확화(제52조)

재난현장에서 긴급구조 활동을 위하여 참여하는 긴급구조기관의 인력이나 장비 등의 운용에 관하여는 시·군·구긴급구조통제단장인 소방서장(해양에서 발생한 재난의 경우에는 지역구조본부장인 해양경비안전관서장)의 지휘를 따르도록 하고, 긴급구조 활동이 종료된 후에는 시·군·구 부단체장인 통합지원본부의 장이 재난현장의 수습상황을 총괄·조정하도록 함.

아. 국민안전의 날 운영 및 학생 안전교육 실시(제66조의3제1항 및 제66조의5제3항 신설)

세월호 침몰사고를 추모하고, 국민의 안전의식을 제고하며, 안전문화를 확산하기 위하여 매년 4월 16일을 국민안전의 날로 정하고, 청소년의 안전문화 의식을 높이기 위하여 교육부장관은 학생에 대한 안전교육을 실시하도록 함.

자. 재난 및 안전관리를 위한 특별교부세 교부(제66조의11 신설)

지방교부세법에 따른 특별교부세 중 재난 및 안전관리를 위한 특별교부세는 국민안전처장관이

교부를 행하되, 지방자치단체의 재난 및 안전관리 수요에 한정하여 교부하도록 함.

차. 재난원인조사 결과 및 재난백서 국회 제출 · 보고(제69조제5항 및 제70조제5항)

국민안전처장관은 재난 발생 원인과 대응과정에 관하여 조사 · 분석 · 평가한 재난원인조사 결과를 신속히 국회 소관 상임위원회에 제출 · 보고하여야 하며, 재난관리주관기관의 장은 중대한 재난에 관하여 수습상황 등을 기록한 재난백서를 신속히 국회 소관 상임위원회에 제출 · 보고하도록 함.

카. 재난 및 안전관리 조치 미이행 시 기관경고 등(제77조제1항)

국무총리 또는 국민안전처장관은 중앙행정기관의 장이나 지방자치단체의 장이 이 법에 따른 조치를 하지 아니한 경우에는 기관경고 등 필요한 조치를 할 수 있도록 함.

(10차 개정) 재난 및 안전관리 기본법 [시행 2017.1.8.] [법률 제13752호, 2016.1.7., 일부개정]

[일부개정]

• 개정이유

현행법상 재난상황의 보고체계가 복잡하게 규정되어 있고, 정부기관을 대상으로 하는 위험수준별 위기경보와 국민을 대상으로 하는 재난 예보 · 경보체계가 혼재되어 규정되어 있으므로, 국민안전처장관이 재난상황에서 선제적으로 대응할 수 있도록 재난관리책임기관의 장 등이 국민안전처장관에게도 재난상황을 보고하도록 하고, 재난의 위기경보와 예보 · 경보체계를 구분하여 규정하려는 것임.

또한 재난안전통신망의 구축 · 운영 근거를 명확히 하고, 재난발생 시 대규모 인명피해가 우려되는 시설에 대한 보험등의 가입을 의무화하며, 긴급구조지원기관의 장이 재난관련업무 부서책임자 중 전문성과 책임성을 가진 자를 긴급대응협력관으로 지정하도록 하여 효율적인 재난현장 대응 협조가 이루어질 수 있도록 하는 등 현행 제도의 운영상 나타난 미비점을 개선 · 보완하여 국민의 안전과 재산을 지키는 재난 및 안전대응 시스템을 강화하려는 것임.

• 주요내용

가. 자연재난의 범위에 소행성 · 유성체 등 자연우주물체의 추락 · 충돌을 포함함(제3조제1항가목).

나. 재난관리책임기관의 장과 국가기반시설의 장 등은 국민안전처장관에게 재난상황, 응급조치 및 수습상황에 대해서 직접 보고하도록 함(제20조).

다. 재난관리주관기관 다수가 해당되는 재난에 대해서는 국민안전처장관이 위기관리 표준매뉴얼을 작성할 수 있도록 함(제34조의5).

라. 국민안전처장관은 재난안전통신망을 구축 · 운영하여 재난관리에 사용하고, 재난안전통신망을 활용한 관련기관 간 재난대응 절차를 마련하도록 함(제34조의8 신설).

마. 재난대비훈련 기본계획 수립 및 훈련 실시(제34조의9 신설, 제35조)

1) 국민안전처장관은 매년 재난대비훈련 기본계획을 수립하고 이에 따라 재난관리책임기관의 장은 자체계획을 수립하도록 하며, 국민안전처장관은 재난대비훈련 기본계획을 국회 소관상임위원회에 보고하도록 함.

2) 재난대비훈련의 주관기관을 중앙행정기관까지 확대하여 소관별로 체계적인 훈련이 실시 될 수 있도록 보완함.

바. 재난 예보・경보체계 정비(제38조 및 제38조의2)

1) 재난관리주관기관의 장은 재난에 대한 위기경보를 관심・주의・경계・심각으로 구분하여 발령할 수 있도록 하고, 재난관리주관기관의 장이 심각 경보를 발령・해제하려면 국민안전처장관과 협의하도록 함.

2) 재난관리책임기관의 장은 재난의 예보・경보체계를 구축・운영할 수 있도록 하고, 국민안전처장관, 시・도지사, 시장・군수・구청장은 재난에 관한 예보・경보 또는 응급조치 등을 위해 전기통신시설의 우선 사용, 필요한 정보의 신속한 방송 등 필요한 조치를 요청할 수 있도록 함.

사. 긴급구조기관의 장은 긴급구조지원기관의 장에게 평시 긴급구조대응계획 수립・보유자원관리 및 재난 발생 시 재난대응업무 상호 협조 및 현장 지원업무를 총괄하는 긴급대응협력관을 지정하게 할 수 있도록 함(제52조의2 신설).

아. 특정관리대상시설등의 소유자 등은 해당 시설에서 발생하는 화재・붕괴 등으로 인한 피해자의 신체・재산상 손해를 보상하기 위하여 보험등에 가입하도록 의무화하고 국민안전처장관은 보험 등의 가입과 관련한 자료를 요청할 수 있도록 함(제76조).

2) 법률

재난 및 안전관리기본법

제1조(목적) 이 법은 각종 재난으로부터 국토를 보존하고 국민의 생명・신체 및 재산을 보호하기 위하여 국가와 지방자치단체의 재난 및 안전관리체제를 확립하고, 재난의 예방・대비・대응・복구와 안전문화활동, 그 밖에 재난 및 안전관리에 필요한 사항을 규정함을 목적으로 한다. 〈개정 2013.8.6.〉

[전문개정 2010.6.8.]

제2조(기본이념) 이 법은 재난을 예방하고 재난이 발생한 경우 그 피해를 최소화하는 것이 국가와 지방자치단체의 기본적 의무임을 확인하고, 모든 국민과 국가・지방자치단체가 국민의 생명 및 신체의 안전과 재산보호에 관련된 행위를 할 때에는 안전을 우선적으로 고려함으로써 국민이 재

난으로부터 안전한 사회에서 생활할 수 있도록 함을 기본이념으로 한다.

[전문개정 2010.6.8.]

제3조(정의) 이 법에서 사용하는 용어의 뜻은 다음과 같다. 〈개정 2009.12.29., 2011.3.29., 2012.2.22., 2013.3.23., 2013.8.6., 2014.11.19., 2014.12.30., 2015.7.24., 2016.1.7.〉

1. "재난"이란 국민의 생명・신체・재산과 국가에 피해를 주거나 줄 수 있는 것으로서 다음 각 목의 것을 말한다.
   가. 자연재난 : 태풍, 홍수, 호우(豪雨), 강풍, 풍랑, 해일(海溢), 대설, 낙뢰, 가뭄, 지진, 황사(黃砂), 조류(藻類) 대발생, 조수(潮水), 화산활동, 소행성・유성체 등 자연우주물체의 추락・충돌, 그 밖에 이에 준하는 자연현상으로 인하여 발생하는 재해
   나. 사회재난 : 화재・붕괴・폭발・교통사고(항공사고 및 해상사고를 포함한다)・화생방사고・환경오염사고 등으로 인하여 발생하는 대통령령으로 정하는 규모 이상의 피해와 에너지・통신・교통・금융・의료・수도 등 국가기반체계의 마비, 「감염병의 예방 및 관리에 관한 법률」에 따른 감염병 또는 「가축전염병예방법」에 따른 가축전염병의 확산 등으로 인한 피해
   다. 삭제 〈2013.8.6.〉
2. "해외재난"이란 대한민국의 영역 밖에서 대한민국 국민의 생명・신체 및 재산에 피해를 주거나 줄 수 있는 재난으로서 정부차원에서 대처할 필요가 있는 재난을 말한다.
3. "재난관리"란 재난의 예방・대비・대응 및 복구를 위하여 하는 모든 활동을 말한다.
4. "안전관리"란 재난이나 그 밖의 각종 사고로부터 사람의 생명・신체 및 재산의 안전을 확보하기 위하여 하는 모든 활동을 말한다.

4의2. "안전기준"이란 각종 시설 및 물질 등의 제작, 유지관리 과정에서 안전을 확보할 수 있도록 적용하여야 할 기술적 기준을 체계화한 것을 말하며, 안전기준의 분야, 범위 등에 관하여는 대통령령으로 정한다.

5. "재난관리책임기관"이란 재난관리업무를 하는 다음 각 목의 기관을 말한다.
   가. 중앙행정기관 및 지방자치단체(「제주특별자치도 설치 및 국제자유도시 조성을 위한 특별법」 제10조제2항에 따른 행정시를 포함한다)
   나. 지방행정기관・공공기관・공공단체(공공기관 및 공공단체의 지부 등 지방조직을 포함한다) 및 재난관리의 대상이 되는 중요시설의 관리기관 등으로서 대통령령으로 정하는 기관

5의2. "재난관리주관기관"이란 재난이나 그 밖의 각종 사고에 대하여 그 유형별로 예방・대비・대응 및 복구 등의 업무를 주관하여 수행하도록 대통령령으로 정하는 관계 중앙행정기관을 말한다.

6. "긴급구조"란 재난이 발생할 우려가 현저하거나 재난이 발생하였을 때에 국민의 생명·신체 및 재산을 보호하기 위하여 긴급구조기관과 긴급구조지원기관이 하는 인명구조, 응급처치, 그 밖에 필요한 모든 긴급한 조치를 말한다.
7. "긴급구조기관"이란 다음 각 목의 어느 하나에 해당하는 기관을 말한다.
가. 국민안전처
나. 소방본부 및 지방해양경비안전본부
다. 소방서 및 해양경비안전서
8. "긴급구조지원기관"이란 긴급구조에 필요한 인력·시설 및 장비, 운영체계 등 긴급구조능력을 보유한 기관이나 단체로서 대통령령으로 정하는 기관과 단체를 말한다.
9. "국가재난관리기준"이란 모든 유형의 재난에 공통적으로 활용할 수 있도록 재난관리의 전 과정을 통일적으로 단순화·체계화한 것으로서 국민안전처장관이 고시한 것을 말한다.
9의2. "안전문화활동"이란 안전교육, 안전훈련, 홍보 등을 통하여 안전에 관한 가치와 인식을 높이고 안전을 생활화하도록 하는 등 재난이나 그 밖의 각종 사고로부터 안전한 사회를 만들어가기 위한 활동을 말한다.
10. "재난관리정보"란 재난관리를 위하여 필요한 재난상황정보, 동원가능 자원정보, 시설물정보, 지리정보를 말한다.
11. "재난안전통신망"이란 재난관리책임기관·긴급구조기관 및 긴급구조지원기관이 재난관리업무에 이용하거나 재난현장에서의 통합지휘에 활용하기 위하여 구축·운영하는 무선통신망을 말한다.
[전문개정 2010.6.8.]

3. 민방위기본법

1) 연혁

민방위기본법 [시행 1975.8.25.] [법률 제2776호, 1975.7.25., 제정]

[신규제정]
적의 침공이나 전국 또는 일부 지방의 안녕질서를 위태롭게 할 재난으로부터 주민의 생명과 재산을 보호하기 위하여 민방위에 관한 기본적인 사항과 민방위대의 설치·조직·편성과 동원에 관한 사

항을 정하려는 것임.
① 민방위에 관한 국가의 중요정책을 심의하기 위하여 국무총리소속하에 중앙민방위협의회를 두도록 하고, 각 지역에 지역민방위협의회를 두도록 함.
② 국무총리로 하여금 민방위에 관한 기본계획지침을 작성하여 이를 관계 중앙관서의 장에게 시달하도록 함.
③ 민방위대는 17세이상 50세가 되는 해의 12월 31일까지의 대한민국 국민인 남자로 조직하도록 함.
④ 민방위대는 주소지를 단위로 하는 지역민방위대와 직장을 단위로 하는 직장민방위대로 편성함.
⑤ 민방위대원은 년 10일, 총 50시간의 한도내에서 민방위에 관한 교육 및 훈련을 받도록 의무화함.
⑥ 내무부장관은 민방위사태가 발생하거나 발생할 우려가 있는 때에 민방위를 위하여 민방위대의 동원이 필요하다고 인정할 때에는 그 동원을 명할 수 있도록 함.

(1차 개정) 민방위기본법 [시행 1980.1.28.] [법률 제3173호, 1979.12.28., 일부개정]
(2차 개정) 민방위기본법 [시행 1981.4.27.] [법률 제3402호, 1981.3.27., 일부개정]
(3차 개정) 민방위기본법 [시행 1989.1.1.] [법률 제4056호, 1988.12.31., 일부개정]
(4차 개정) 민방위기본법 [시행 1994.1.1.] [법률 제4606호, 1993.12.27., 일부개정]
(5차 개정) 민방위기본법 [시행 1995.8.4.] [법률 제4958호, 1995.8.4., 일부개정]
(6차 개정) 민방위기본법 [시행 1997.7.1.] [법률 제5198호, 1996.12.30., 일부개정]
(7차 개정) 민방위기본법 [시행 2000.7.1.] [법률 제6116호, 2000.1.12., 일부개정]
(8차 개정) 민방위기본법 [시행 2005.6.25.] [법률 제7411호, 2005.3.24., 일부개정]
(9차 개정) 민방위기본법 [시행 2007.1.1.] [법률 제7980호, 2006.9.22., 일부개정]
(10차 개정) 민방위기본법 [시행 2007.5.11.] [법률 제8420호, 2007.5.11., 전부개정]

(11차 개정) 민방위기본법 [시행 2008.2.29.] [법률 제8852호, 2008.2.29., 일부개정]
[전부개정]
• 개정이유
국경 없는 무한경쟁 시대에 국민에게 희망을 주는 일류 정부를 건설하기 위하여, 우리의 미래에 관한 전략기획기능을 강화하고, 정부의 간섭과 개입을 최소화하는 작은 정부 구축을 통하여 민간과 지방의 창의와 활력을 북돋우는 한편, 꼭 해야 할 일은 확실히 하되 나라살림을 알뜰하게 운영하여 국민부담을 줄이며 칸막이 없이 유연하고 창의적으로 일하는 정부를 구축할 수 있도록 기획예산처와 재정경제부를 통합하여 기획재정부를 신설하는 등 정부기능을 효율적으로 재배치하려는 것임.
• 주요내용
가. 대통령비서실과 대통령경호실의 통합(법 제14조)

대통령 보좌기구의 정예화 및 권한과 책임의 명확화를 위하여 대통령비서실과 대통령경호실을 대통령실로 통합함.

나. 부총리제 폐지(현행 제19조의2 삭제)

헌법의 권한배분 등 정부편제의 기본원칙에 비추어 헌법적 근거가 취약한 부총리제를 폐지함.

다. 특임장관 신설(법 제17조)

투자유치, 해외자원개발 등 핵심 국책과제를 수행하기 위하여 특임장관을 신설함.

라. 국무총리비서실과 국무조정실의 통합(법 제18조)

국무총리의 보좌기능을 강화하고 사회갈등관리 기능 등을 강화하기 위하여 국무총리비서실과 국무조정실을 국무총리실로 통합함.

마. 법제처장과 국가보훈처장의 직급 조정(법 제20조 및 제21조)

지나치게 격상된 조직 위상의 정상화를 위하여 장관급인 법제처장, 국가보훈처장의 직급을 장관급에서 차관급으로 조정함.

바. 기획재정부 신설(법 제23조)

경제정책 조정역량을 강화하고 재정기능을 일원화하기 위하여 기획예산처와 재정경제부를 통합하여 기획재정부를 신설함

사. 교육과학기술부 신설(법 제24조)

초・중등 교육 및 대학의 자율성을 제고하고 인적자원 개발기능을 강화하며, 기초과학을 진흥시키기 위하여 교육과학기술부를 신설함.

아. 행정안전부 신설(법 제29조)

정부조직관리와 인사정책의 연계를 도모하고 분산된 안전관리정책의 총괄・조정기능을 통합하기 위하여 행정안전부를 신설함.

자. 국정홍보처의 폐지(법 제30조, 현행 제24조의2 삭제)

정책홍보기능의 부처 자율화를 통해 국민의 알권리를 신장하기 위하여 국정홍보처를 폐지하고, 종전의 문화부 사무와 국정홍보처의 해외홍보 사무를 통합하여 문화체육관광부를 신설함.

차. 농림수산식품부 신설(법 제31조)

농업과 수산업의 긴밀한 연계 및 식품산업 육성을 위하여 종전의 농림부의 사무와 해양수산부의 수산에 관한 사무를 통합하여 농림수산식품부를 신설함.

카. 지식경제부 신설(법 제32조)

우리 경제를 빠른 시일 내에 미래 지향의 지식기반형・기술혁신형 경제로 전환하기 위하여 산업자원부의 산업・에너지정책 사무와 과학기술부의 산업기술 연구개발정책 사무 등을 통합하여 지식경제부를 신설함.

타. 기상청의 소속 변경(법 제34조)

환경보전 기능을 강화하고 기상이변 등에 대한 대응역량을 강화하기 위하여 기상청을 환경부 소속으로 이관함.

파. 국토해양부 신설(법 제37조)

국토자원의 통합관리를 위하여 건설교통부와 해양수산부의 해양정책, 항만, 해운물류를 통합하여 국토해양부를 신설함.

(11차 개정) 민방위기본법 [시행 2008.2.29.] [법률 제8855호, 2008.2.29., 일부개정]

[일부개정]

● 개정이유 및 주요내용

「정부조직법」의 개정으로 정부의 안전관리정책 및 비상대비 · 민방위 · 재난관리 제도에 관한 사무를 행정안전부장관이 관장하게 됨에 따라 관련 규정을 정비하려는 것임.

(12차 개정) 민방위기본법 [시행 2012.5.23.] [법률 제11338호, 2012.2.22., 일부개정]

(13차 개정) 민방위기본법 [시행 2014.1.7.] [법률 제12204호, 2014.1.7., 일부개정]

(14차 개정) 민방위기본법 [시행 2016.1.21.] [법률 제13415호, 2015.7.20., 일부개정]

(15차 개정) 민방위기본법 [시행 2017.1.28.] [법률 제13915호, 2016.1.27., 일부개정]

[일부개정]

● 개정이유 및 주요내용

백화점, 영화상영관, 공항, 버스터미널 등 대형건물은 화재와 같은 재난에 대비하여 개별의 경보시스템과 방송시설, 통신시설 등을 갖추고 있으나, 민방위사태 시 발령되는 국가 민방위경보시스템과는 연계가 되지 못하고 있는 실정임.

이에 백화점, 영화상영관, 공항, 터미널 등 대형건물의 관리주체는 민방위 경보를 신속하게 건물 내에 전파하는 의무규정을 마련하여 현행 민방위 경보 전파체계의 운영상 나타난 미비점을 개선하려는 것임.

2) 법률

민방위기본법

제1조(목적) 이 법은 전시 · 사변 또는 이에 준하는 비상사태나 국가적 재난으로부터 주민의 생명과

재산을 보호하기 위하여 민방위에 관한 기본적인 사항과 민방위대의 설치・조직・편성과 동원 등에 관한 사항을 규정함을 목적으로 한다. 〈개정 2012.2.22.〉

제2조(정의) 이 법에서 사용하는 용어의 뜻은 다음과 같다. 〈개정 2012.2.22., 2013.3.23., 2014.11.19.〉

1. "민방위"란 다음 각 목의 어느 하나에 해당하는 상황(이하 "민방위사태"라 한다)으로부터 주민의 생명과 재산을 보호하기 위하여 정부의 지도하에 주민이 수행하여야 할 방공(防空), 응급적인 방재(防災)・구조・복구 및 군사 작전상 필요한 노력 지원 등의 모든 자위적 활동을 말한다.
   가. 전시・사변 또는 이에 준하는 비상사태
   나. 「통합방위법」 제2조제3호에 따른 통합방위사태
   다. 「재난 및 안전관리 기본법」 제36조제1항에 따른 재난사태 선포 또는 같은 법 제60조제1항에 따른 특별재난지역 선포 등의 국가적 재난, 그 밖에 국민안전처장관이 정하는 재난사태
2. "중앙관서의 장"이란 「대한민국헌법」 또는 「정부조직법」, 그 밖의 법률에 따라 설치된 중앙행정기관의 장을 말한다. 다만, 국회사무총장, 법원행정처장, 헌법재판소사무처장 및 중앙선거관리위원회사무총장은 제외한다.

4. 화학물질관리법

1) 연혁

유해화학물질관리법 [시행 1991.2.2.] [법률 제4261호, 1990.8.1., 제정]

[신규제정]

화학물질의 유해성을 심사하고, 유해화학물질을 적정하게 관리함으로써 국민보건 및 환경보전에 이바지 하려는 것임.

① 새로이 제조 또는 수입되는 화학물질의 사용으로 인한 위해를 미연에 방지하기 위하여 환경처장관의 유해성 심사를 받은 후가 아니면 이를 제조 또는 수입할 수 없도록 함.

② 화학물질의 기술검토 및 자료조사등 유해성 심사업무를 담당하게 하기 위하여 환경처장관소속하에 화학물질심사단을 두도록 함.

③ 유독물로 인한 위해를 예방하기 위하여 사람의 건강 또는 환경에 위해성이 심각할 정도로 광범위하게 나타날 수 있다고 판단되는 특정유독물에 대하여는 관계중앙행정기관의 장과 협의하여 제조・수입・판매 또는 사용등을 제한하거나 금지할 수 있도록 함.

④ 본드등 환각물질에 의한 오용을 방지하기 위하여 이를 섭취 또는 흡입하거나 이러한 목적으로 소지할 수 없도록 하고, 그 정을 알면서 판매 또는 공여하지 못하도록 함.

(1차 개정) 유해화학물질관리법 [시행 1995.2.4.] [법률 제4784호, 1994.8.3., 일부개정]
(2차 개정) 유해화학물질관리법 [시행 1997.7.1.] [법률 제5221호, 1996.12.30., 전부개정]
(3차 개정) 유해화학물질관리법 [시행 1999.5.9.] [법률 제5860호, 1999.2.8., 일부개정]
(4차 개정) 유해화학물질관리법 [시행 2006.1.1.] [법률 제7292호, 2004.12.31., 전부개정]
(5차 개정) 유해화학물질 관리법 [시행 2008.6.28.] [법률 제8809호, 2007.12.27., 일부개정]
(6차 개정) 유해화학물질 관리법 [시행 2008.6.28.] [법률 제8951호, 2008.3.21., 일부개정]
(7차 개정) 유해화학물질 관리법 [시행 2010.5.25.] [법률 제10313호, 2010.5.25., 일부개정]
(8차 개정) 유해화학물질 관리법 [시행 2013.2.2.] [법률 제11260호, 2012.2.1., 일부개정]

(9차 개정) 화학물질관리법 [시행 2015.1.1.] [법률 제11862호, 2013.6.4., 전부개정]

[전부개정]

• 개정이유

최근 잇따라 발생한 화학사고로 인해 현행 「유해화학물질 관리법」으로는 화학물질 관리 및 화학사고 대응에 한계가 있다는 지적이 제기되고 국민들의 불안감이 가중되고 있는바, 화학물질에 대한 통계조사 및 정보체계를 구축하여 국민의 알권리를 보장하고, 유해화학물질 취급기준 구체화, 화학사고 장외영향평가제도 및 영업허가제 신설 등을 통해 유해화학물질 예방관리체계를 강화하며, 화학사고 발생 시 즉시 신고의무를 부여하고, 현장조정관 파견 및 특별관리지역 지정 등을 통해 화학사고의 신속한 대응체계를 마련하는 한편, 제명 「유해화학물질 관리법」을 「화학물질관리법」으로 변경하여 화학물질의 체계적인 관리와 화학사고의 예방을 통해 화학물질의 위험으로부터 국민 건강 및 환경을 보호하는 법률로서의 위상을 정립하려는 것임.

• 주요내용

가. 법률의 제명을 「화학물질관리법」으로 변경함.

나. 법 목적 및 정의 규정을 보완하여 화학물질 관리 및 화학사고 대응에 관한 법체계를 정립함(안 제1조부터 제8조까지).

다. 화학물질의 조사를 확대・개편하고 조사결과의 정보공개절차를 마련함(안 제10조부터 제12조까지).

라. 유해화학물질 취급자의 개인보호장구 착용 및 진열・보관량 제한의 근거를 마련함(안 제14조 및 제15조).

마. 화학사고 장외영향평가 제도를 도입하고 취급시설의 검사를 실시하여 개선할 수 있도록 함(안

제23조부터 제26조까지).

바. 유해화학물질의 영업을 구분하고 화학사고 장외영향평가, 설치검사 등의 검토를 거쳐 허가하도록 함(안 제27조 · 제28조).

사. 유해화학물질의 취급을 도급할 경우 신고하도록 하고, 사업장 규모에 따라 유해화학물질관리자를 선임하여 안전교육을 받도록 함(안 제31조부터 제33조까지).

아. 유해화학물질 취급중단 사업장에 대한 관리를 강화하도록 함(안 제34조).

자. 사고대비물질 위해관리계획 제도를 개편하고 그 내용을 고지하도록 함(안 제41조 · 제42조).

차. 화학사고 발생 시 초기 대응체계를 강화하고 즉시 관계기관에 신고하도록 함(안 제43조).

카. 화학사고 현장에 현장수습조정관을 파견하고 특별관리지역 지정 및 전담기관 설치근거를 마련함(안 제44조부터 제47조까지).

타. 법규위반 사업장에 대한 제재수단을 강화함(안 제35조, 제36조 및 제57조부터 제64조까지).

(10차 개정) 화학물질관리법 [시행 2015.7.21.] [법률 제13035호, 2015.1.20., 일부개정]

(11차 개정) 화학물질관리법 [시행 2016.7.28.] [법률 제13890호, 2016.1.27., 일부개정]

(12차 개정) 화학물질관리법 [시행 2017.5.30.] [법률 제14231호, 2016.5.29., 일부개정]

[일부개정]

● 개정이유 및 주요내용

2015년 1월 1일부터 시행예정인 법률 제11862호 유해화학물질 관리법 전부개정법률에 따르면, 환경부장관은 5년마다 화학물질의 관리에 관한 기본계획을 수립하여야 하고, 관계 중앙행정기관의 장 및 지방자치단체의 장은 화학물질의 관리에 관한 기본계획에 따라 소관 사항에 속하는 시책을 수립·시행하여야 함.

그러나 화학사고에 효과적으로 대응하기 위해서는 기본계획과는 별도로 지방자치단체에서 매년 화학사고에 대한 비상대응계획을 수립할 필요가 있으며 이러한 계획을 수립·변경할 때 지역사회가 참여할 수 있는 체계가 마련되어 있지 않으므로 화학물질의 관리와 관련하여 지역사회가 개입할 수 있는 다양한 방안의 마련이 필요함.

또한 위해관리계획서를 작성·제출하여야 하는 자를 사고대비물질을 일정 수량 이상 취급하는 자로 규정하고 있으나 유독물질도 유해성(有害性)이 있는 화학물질이므로 위해관리계획서를 작성·제출할 필요가 있고, 화학사고가 발생한 경우 즉시 관계기관에 신고하도록 되어 있으나 지역 주민에게 고지하도록 되어 있지 않으므로 지역 주민에게 고지하도록 하는 등 제도적 보완을 통해 화학물질로 인한 국민건강 및 환경상의 위해를 예방하고 화학물질로 인하여 발생하는 사고에 신속히 대응하려는 것임.

[그림 6-4] 불산사고 1

[그림 6-5] 불산사고 2

2) 법률

화학물질관리법

제1조(목적) 이 법은 화학물질로 인한 국민건강 및 환경상의 위해(危害)를 예방하고 화학물질을 적절하게 관리하는 한편, 화학물질로 인하여 발생하는 사고에 신속히 대응함으로써 화학물질로부터 모든 국민의 생명과 재산 또는 환경을 보호하는 것을 목적으로 한다.

제2조(정의) 이 법에서 사용하는 용어의 뜻은 다음과 같다.

1. "화학물질"이란 원소·화합물 및 그에 인위적인 반응을 일으켜 얻어진 물질과 자연 상태에서 존재하는 물질을 화학적으로 변형시키거나 추출 또는 정제한 것을 말한다.
2. "유독물질"이란 유해성(有害性)이 있는 화학물질로서 대통령령으로 정하는 기준에 따라 환경부장관이 정하여 고시한 것을 말한다.
3. "허가물질"이란 위해성(危害性)이 있다고 우려되는 화학물질로서 환경부장관의 허가를 받아 제조, 수입, 사용하도록 환경부장관이 관계 중앙행정기관의 장과의 협의와 「화학물질의 등록 및 평가 등에 관한 법률」 제7조에 따른 화학물질평가위원회의 심의를 거쳐 고시한 것을 말한다.
4. "제한물질"이란 특정 용도로 사용되는 경우 위해성이 크다고 인정되는 화학물질로서 그 용도로의 제조, 수입, 판매, 보관·저장, 운반 또는 사용을 금지하기 위하여 환경부장관이 관계 중앙행정기관의 장과의 협의와 「화학물질의 등록 및 평가 등에 관한 법률」 제7조에 따른 화학물질평가위원회의 심의를 거쳐 고시한 것을 말한다.
5. "금지물질"이란 위해성이 크다고 인정되는 화학물질로서 모든 용도로의 제조, 수입, 판매, 보관·저장, 운반 또는 사용을 금지하기 위하여 환경부장관이 관계 중앙행정기관의 장과의 협의와 「화학물질의 등록 및 평가 등에 관한 법률」 제7조에 따른 화학물질평가위원회의 심의를 거

쳐 고시한 것을 말한다.

6. "사고대비물질"이란 화학물질 중에서 급성독성(急性毒性)・폭발성 등이 강하여 화학사고의 발생 가능성이 높거나 화학사고가 발생한 경우에 그 피해 규모가 클 것으로 우려되는 화학물질로서 화학사고 대비가 필요하다고 인정하여 제39조에 따라 환경부장관이 지정・고시한 화학물질을 말한다.
7. "유해화학물질"이란 유독물질, 허가물질, 제한물질 또는 금지물질, 사고대비물질, 그 밖에 유해성 또는 위해성이 있거나 그러할 우려가 있는 화학물질을 말한다.
8. "유해화학물질 영업"이란 유해화학물질 중 허가물질 및 금지물질을 제외한 나머지 물질에 대한 영업을 말한다.
9. "유해성"이란 화학물질의 독성 등 사람의 건강이나 환경에 좋지 아니한 영향을 미치는 화학물질 고유의 성질을 말한다.
10. "위해성"이란 유해성이 있는 화학물질이 노출되는 경우 사람의 건강이나 환경에 피해를 줄 수 있는 정도를 말한다.
11. "취급시설"이란 화학물질을 제조, 보관・저장, 운반(항공기・선박・철도를 이용한 운반은 제외한다) 또는 사용하는 시설이나 설비를 말한다.
12. "취급"이란 화학물질을 제조, 수입, 판매, 보관・저장, 운반 또는 사용하는 것을 말한다.
13. "화학사고"란 시설의 교체 등 작업 시 작업자의 과실, 시설 결함・노후화, 자연재해, 운송사고 등으로 인하여 화학물질이 사람이나 환경에 유출・누출되어 발생하는 일체의 상황을 말한다.

제38조(유해화학물질관리자 및 취급시설의 공동 활용 승인 등) ① 같은 부지나 건축물에 사업장이 설치되어 있는 둘 이상의 유해화학물질 영업자는 환경부령으로 정하는 바에 따라 환경부장관의 승인을 받아 유해화학물질 취급시설이나 유해화학물질관리자를 공동으로 활용할 수 있다. 이 경우 각 유해화학물질 영업자별로 유해화학물질 취급시설이나 유해화학물질관리자를 갖춘 것으로 본다.

② 유해화학물질 영업자는 제1항에 따라 승인을 받은 사항 중 환경부령으로 정하는 중요한 사항을 변경하려면 환경부령으로 정하는 바에 따라 신고를 하여야 한다.

제3절 한국의 재난관리체계

1. 한국의 재난관리 운영체계

- 재난관리를 위해 중앙에 국무총리가 위원장인 중앙안전관리위원회를 두고, 산하에 국민안전처 장관이 위원장인 안전정책조정위원회와 재난의 종류에 따라 해당 부처의 차관이 위원장이 되는 분과위원회를 운영하고 있으며, 지역에는 시・도 안전관리위원회와 시・군・구 안전관리위원회를 두도록 규정되어 있다.(재난 및 안전관리기본법)

2. 재난수습을 위한 조직체계도

- 재난이 빌생시 이를 수습하기 위해서는 국민안전처 장관이 본부장인 중앙재난안전대책본부를 설치하고, 재난의 종류에 따라 주무부처 장관이 본부장이 되고 관련전문가로 구성된 중앙사고수습본부를 운영하도록 되어 있으며, 여기에는 상황총괄반, 행정지원반, 구조구급반, 비상지원반, 자원봉사지원반, 공보지원단을 두도록 규정하고, 지역에도 시・도 재난안전대책본부와 시・군・구 재난안전대책본부를 두도록 규정

3. 재난현장의 지휘

- 중앙에 국민안전처 소방본부장이 단장인 긴급구조통제반을 두고 통제반에 총괄지휘부, 대응계획부, 자원지원부, 현장지휘부, 긴급복구부를 두고 지역에는 지역 소방본부장과 소방서장이 단장이 되는 시・도, 시・군・구 긴급구조통제단을 운영하도록 되어 있다
- 재난관리에 있어 자연재난과 인적 재난 모두 '재난 및 안전관리기본법'을 기본으로 하여 관리하고 있음.,
- 수습체계에 있어서 자연재해는 국가인 중앙정부에서 국민안전처 장관이 본부장

인 중앙재난안전대책본부가 주축이 되어, 자연재난의 종류에 따라 개별적 방재 대책을 운영하고 있음.,

• 인적 재난에 있어서는 지방자치단체가 주축이 되어, 시・도지사가 본부장인 지역재난안전대책본부에서 종합적 방재대책을 운영하는 체계로 이원화되어 운영되고 있음.

4. 재난에 대비한 경찰의 사전조치

1) 기초조사	• 기초조사는 관내의 위치・유형별 위험개소(危險個所)를 사전에 파악하고, 재해발생의 징후가 있거나 재해발생시에 대비할 수 있는 인적・물적 자원의 소재 등의 기초자료를 사전에 파악하여 재해경비계획을 작성하는데 활용하고 상황발생시 효율적으로 대처할 수 있다. • 기초조사는 반드시 현장을 방문하여 실시하고, 주무기관의 계획 등을 참고하고 재해발생상황과 전문가의 의견을 참작하여 객관성있게 파악한다.
2) 시설장비의 확보와 교육훈련	• 기초조사에 의하여 파악된 내용에 대처키 위하여 필요한 장비・시설 및 자재 등을 확보하고, 항상 사용가능한 상태로 유지토록 하고 교육훈련이 되어야 한다.
3) 재해경비계획의 수립	• 재해경비계획은 항상 최악의 경우를 고려하여 수립하되, 재해는 상황에 따라 천태만상의 경우로 달리 나타나므로 융통성과 탄력성이 있는 계획을 수립한다.

5. 재난발생시 현장조치

1) 현장지휘본부의 운영

(1) 현장지휘본부의 설치

• 재해・재난 발생시 일정기간 경찰의 현장조치가 필요한 경우에 재난관리활동의 총괄을 위하여 현장지휘본부를 설치한다.

• 대규모 사건 발생시 관할 경찰서장은 즉시 현장지휘본부를 설치・지휘하며, 경찰청장은 소속지휘관에게 현장지휘본부의 설치를 지시할 수 있다.

• 현장지휘본부의 설치장소는 사고현장 인근파출소 등 공공건물을 이용하며, 활용 가능한 사무실이 없는 경우에는 지휘차량을 활용한다.[1)]

(2) 기능별 임무

경비	현장지휘본부의 설치・운영, 경찰통제선의 설치, 동원 경력(警力)・장비의 확보 및 운영, 비상소집, 현장의 제반 작업장소에 대한 경비활동
교통	비상출동로의 사전지정 및 관리, 현장주변에 대한 교통통제 및 혼잡지역에 대한 교통관리
생활안전	현장주변의 방범활동, 유류품의 접수 및 가족에게 인계, 사상자 소지품의 약탈방지
수사	피해자의 신원확인, 사고원인 및 범죄관련여부의 수사, 목격자・증거확보 및 수사상 필요한 업무
정보	사태와 관련된 정보의 수집・보고, 유언비어의 차단, 피해자 가족 등의 동향 파악

2) 경찰정보지원센터의 운영

- 다수의 인명피해의 발생시, 사망・부상・실종자를 찾는 가족・친지 또는 재산상 피해에 대하여 문의하는 사람의 편의를 제공하기 위하여 설치한다.
- 재난발생시 피해자 가족 등을 위한 경찰정보지원센터 운용지침에 의하여 설치하는 것으로, 사고 수습활동에 지장이 없도록 경찰통제선 밖에 설치한다.

3) 비상출동로의 관리

사전지정 비상로를 관리하여, 긴급출동기관의 위치를 기준으로 사고발생시 신속히 현장에 접근할 수 있는 대로(大路)를 사전에 지정・관리한다.

4) 경찰통제선의 운영

- 통제선은 제1・제2선으로 구분하여 운영하며, 제1통제선은 소방에서, 제2통제선은 경찰에서 운영한다.
- 경찰통제선은 초기단계부터 충분히 넓게 정하고, 통제구역으로 들어가는 출입구는 되도록 단일화하여 운용한다.

1) 재난발생시 현장지휘본부 운용지침.

6. 재난발생시 경찰긴급치안상황실의 운영

1) 긴급치안상황실의 설치

사회이목을 집중시킬 만한 중대한 사건・사고가 발생했을 때 종합상황실을 중심으로 지휘체계와 전파체계를 확립하고 신속한 초동조치를 함으로써 조기에 사태를 수습하고 재산피해를 방지하기 위하여 설치하는 것으로, 긴급현장상황반과 긴급종합상황반으로 구성된다.

2) 편성 및 임무

(1) 긴급현장상황반

긴급중요사건 발생시 현장에 출동하여 현장상황을 처리하는 요원이다.

긴급현장 상황반	임무	• 긴급상황 발생시 현장 진출, 112타격대 등을 지휘하여 인명구조・범인검거・접적유지(接敵維持) 및 상황파악 전파
	편성	• 일과시간내 상설(常設), 일과시간 외(공휴일 포함) 비(非)상설 • 반장 : 주무과장(일과시간 외에는 상황실장) • 상황파악반, 전파반, 통신반, 홍보반으로 구성

(2) 긴급종합상황반

경찰서의 상황실에 위치하면서 사건에 대한 제반적인 사항을 기록・보고・협조체계 등을 유지하는 요원으로 재서반(在署班)이라고 한다.

긴급종합 상황반	임무	• 상황실에서 상황접수・보고・통보・하달・전파・종합분석
	편성	• 일과시간 내 상설, 일과시간 외(공휴일 포함) 비상설 • 반장 : 상황실장(주무과장이 실장인 경우에는 경무과장, 일과시간 외에는 상황부실장) • 상황확인반, 전파반, 통신반, 홍보반, 종합상황반으로 구성 ※ 상황확인반은 일과시간 외(비상설)에는 구성하지 않음

제 7 장

대테러경비

경찰경비론

제 7 장

대테러경비

제1절 테러의 의의

1. 테러의 의의

테러[terror]	주권국가 또는 특정단체가 정치, 사회, 종교, 민족주의적인 목표를 달성하기 위하여 조직적이고 지속적으로 폭력을 사용하거나 폭력의 사용을 협박(脅迫)함으로써 특정 개인, 단체, 공동체 사회, 그리고 정부의 인식변화와 정책의 변화를 유도하는 상징적, 심리적 폭력행위의 총칭.
테러리즘[terrorism]	어떤 정치적 목적을 달성하기 위하여 직접적인 공포 수단을 이용하는 주의(主義)나 정책.

국민보호와 공공안전을 위한 테러방지법
[시행 2016.6.4.] [법률 제14071호, 2016.3.3., 제정]

제1조(목적) 이 법은 테러의 예방 및 대응 활동 등에 관하여 필요한 사항과 테러로 인한 피해보전 등을 규정함으로써 테러로부터 국민의 생명과 재산을 보호하고 국가 및 공공의 안전을 확보하는 것을 목적으로 한다.

제2조(정의) 이 법에서 사용하는 용어의 뜻은 다음과 같다.

1. "테러"란 국가・지방자치단체 또는 외국 정부(외국 지방자치단체와 조약 또는 그 밖의 국제적인 협약에 따라 설립된 국제기구를 포함한다)의 권한행사를 방해하거나 의무 없는 일을 하게 할 목적 또는 공중을 협박할 목적으로 하는 다음 각 목의 행위를 말한다.

가. 사람을 살해하거나 사람의 신체를 상해하여 생명에 대한 위험을 발생하게 하는 행위 또는 사람을 체포・감금・약취・유인하거나 인질로 삼는 행위

나. 항공기(「항공법」 제2조제1호의 항공기를 말한다. 이하 이 목에서 같다)와 관련된 다음 각각의 어느 하나에 해당하는 행위

1) 운항중(「항공보안법」 제2조제1호의 운항중을 말한다. 이하 이 목에서 같다)인 항공기를 추락시키거나 전복・파괴하는 행위, 그 밖에 운항중인 항공기의 안전을 해칠 만한 손괴를 가하는 행위

2) 폭행이나 협박, 그 밖의 방법으로 운항중인 항공기를 강탈하거나 항공기의 운항을 강제하는 행위

3) 항공기의 운항과 관련된 항공시설을 손괴하거나 조작을 방해하여 항공기의 안전운항에 위해를 가하는 행위

다. 선박(「선박 및 해상구조물에 대한 위해행위의 처벌 등에 관한 법률」 제2조제1호 본문의 선박을 말한다. 이하 이 목에서 같다) 또는 해상구조물(같은 법 제2조제5호의 해상구조물을 말한다. 이하 이 목에서 같다)과 관련된 다음 각각의 어느 하나에 해당하는 행위

1) 운항(같은 법 제2조제2호의 운항을 말한다. 이하 이 목에서 같다) 중인 선박 또는 해상구조물을 파괴하거나, 그 안전을 위태롭게 할 만한 정도의 손상을 가하는 행위(운항 중인 선박이나 해상구조물에 실려 있는 화물에 손상을 가하는 행위를 포함한다)

2) 폭행이나 협박, 그 밖의 방법으로 운항 중인 선박 또는 해상구조물을 강탈하거나 선박의 운항을 강제하는 행위

3) 운항 중인 선박의 안전을 위태롭게 하기 위하여 그 선박 운항과 관련된 기기・시설을 파괴하거나 중대한 손상을 가하거나 기능장애 상태를 야기하는 행위

라. 사망・중상해 또는 중대한 물적 손상을 유발하도록 제작되거나 그러한 위력을 가진 생화학・폭발성・소이성(燒夷性) 무기나 장치를 다음 각각의 어느 하나에 해당하는 차량 또는 시설에 배치하거나 폭발시키거나 그 밖의 방법으로 이를 사용하는 행위

1) 기차・전차・자동차 등 사람 또는 물건의 운송에 이용되는 차량으로서 공중이 이용하는 차량

2) 1)에 해당하는 차량의 운행을 위하여 이용되는 시설 또는 도로, 공원, 역, 그 밖에 공중이

이용하는 시설

3) 전기나 가스를 공급하기 위한 시설, 공중의 음용수를 공급하는 수도, 전기통신을 이용하기 위한 시설 및 그 밖의 시설로서 공용으로 제공되거나 공중이 이용하는 시설

4) 석유, 가연성 가스, 석탄, 그 밖의 연료 등의 원료가 되는 물질을 제조 또는 정제하거나 연료로 만들기 위하여 처리・수송 또는 저장하는 시설

5) 공중이 출입할 수 있는 건조물・항공기・선박으로서 1)부터 4)까지에 해당하는 것을 제외한 시설

마. 핵물질(「원자력시설 등의 방호 및 방사능 방재 대책법」 제2조제1호의 핵물질을 말한다. 이하 이 목에서 같다), 방사성물질(「원자력안전법」 제2조제5호의 방사성물질을 말한다. 이하 이 목에서 같다) 또는 원자력시설(「원자력시설 등의 방호 및 방사능 방재 대책법」 제2조제2호의 원자력시설을 말한다. 이하 이 목에서 같다)과 관련된 다음 각각의 어느 하나에 해당하는 행위

1) 원자로를 파괴하여 사람의 생명・신체 또는 재산을 해하거나 그 밖에 공공의 안전을 위태롭게 하는 행위

2) 방사성물질 등과 원자로 및 관계 시설, 핵연료주기시설 또는 방사선발생장치를 부당하게 조작하여 사람의 생명이나 신체에 위험을 가하는 행위

3) 핵물질을 수수・소지・소유・보관・사용・운반・개조・처분 또는 분산하는 행위

4) 핵물질이나 원자력시설을 파괴・손상 또는 그 원인을 제공하거나 원자력시설의 정상적인 운전을 방해하여 방사성물질을 배출하거나 방사선을 노출하는 행위

2. "테러단체"란 국제연합(UN)이 지정한 테러단체를 말한다.
3. "테러위험인물"이란 테러단체의 조직원이거나 테러단체 선전, 테러자금 모금・기부, 그 밖에 테러 예비・음모・선전・선동을 하였거나 하였다고 의심할 상당한 이유가 있는 사람을 말한다.
4. "외국인테러전투원"이란 테러를 실행・계획・준비하거나 테러에 참가할 목적으로 국적국이 아닌 국가의 테러단체에 가입하거나 가입하기 위하여 이동 또는 이동을 시도하는 내국인・외국인을 말한다.
5. "테러자금"이란 「공중 등 협박목적 및 대량살상무기확산을 위한 자금조달행위의 금지에 관한 법률」 제2조제1호에 따른 공중 등 협박목적을 위한 자금을 말한다.
6. "대테러활동"이란 제1호의 테러 관련 정보의 수집, 테러위험인물의 관리, 테러에 이용될 수 있는 위험물질 등 테러수단의 안전관리, 인원・시설・장비의 보호, 국제행사의 안전확보, 테러위협에의 대응 및 무력진압 등 테러 예방과 대응에 관한 제반 활동을 말한다.

7. "관계기관"이란 대테러활동을 수행하는 국가기관, 지방자치단체, 그 밖에 대통령령으로 정하는 기관을 말한다.
8. "대테러조사"란 대테러활동에 필요한 정보나 자료를 수집하기 위하여 현장조사・문서열람・시료채취 등을 하거나 조사대상자에게 자료제출 및 진술을 요구하는 활동을 말한다.

국가대테러활동지침[시행 2012.2.9.] [대통령훈령 제292호, 2012.2.9., 일부개정]

제1장 총칙

제1조(목적) 이 훈령은 국가의 대테러 업무수행을 위하여 필요한 사항을 규정함을 목적으로 한다.

제2조(정의) 이 훈령에서 사용하는 용어의 정의는 다음과 같다.

1. "테러"라 함은 국가안보 또는 공공의 안전을 위태롭게 할 목적으로 행하는 다음 각목의 어느하나에 해당하는 행위를 말한다.
   가. 국가 또는 국제기구를 대표하는 자 등의 살해・납치 등 「외교관 등 국제적 보호인물에 대한 범죄의 방지 및 처벌에 관한 협약」 제2조에 규정된 행위
   나. 국가 또는 국제기구 등에 대하여 작위・부작위를 강요할 목적의 인질억류・감금 등 「인질억류 방지에 관한 국제협약」 제1조에 규정된 행위
   다. 국가중요시설 또는 다중이 이용하는 시설・장비의 폭파 등 「폭탄테러행위의 억제를 위한 국제협약」 제2조에 규정된 행위
   라. 운항 중인 항공기의 납치・점거 등 「항공기의 불법납치 억제를 위한 협약」 제1조에 규정된 행위
   마. 운항 중인 항공기의 파괴, 운항 중인 항공기의 안전에 위해를 줄 수 있는 항공시설의 파괴 등 「민간항공의 안전에 대한 불법적 행위의 억제를 위한 협약」 제1조에 규정된 행위
   바. 국제민간항공에 사용되는 공항 내에서의 인명살상 또는 시설의 파괴 등 「1971년 9월 23일 몬트리올에서 채택된 민간항공의 안전에 대한 불법적 행위의 억제를 위한 협약을 보충하는 국제민간항공에 사용되는 공항에서의 불법적 폭력행위의 억제를 위한 의정서」 제2조에 규정된 행위
   사. 선박억류, 선박의 안전운항에 위해를 줄 수 있는 선박 또는 항해시설의 파괴 등 「항해의 안전에 대한 불법적 행위의 억제를 위한 협약」 제3조에 규정된 행위
   아. 해저에 고정된 플랫폼의 파괴 등 「대륙붕상에 소재한 고정플랫폼의 안전에 대한 불법적 행위의 억제를 위한 의정서」 제2조에 규정된 행위
   자. 핵물질을 이용한 인명살상 또는 핵물질의 절도・강탈 등 「핵물질의 방호에 관한 협약」 제7

조에 규정된 행위

2. "테러자금"이라 함은 테러를 위하여 또는 테러에 이용된다는 정을 알면서 제공・모금된 것으로서 「테러자금 조달의 억제를 위한 국제협약」 제1조제1호의 자금을 말한다.
3. "대테러활동"이라 함은 테러 관련 정보의 수집, 테러혐의자의 관리, 테러에 이용될 수 있는 위험물질 등 테러수단의 안전관리, 시설・장비의 보호, 국제행사의 안전확보, 테러위협에의 대응 및 무력 진압 등 테러예방・대비와 대응에 관한 제반활동을 말한다.
4. "관계기관"이라 함은 대테러활동을 담당하는 중앙행정기관 및 그 소속기관을 말한다.
5. "사건대응조직"이라 함은 테러사건이 발생하거나 발생이 예상되는 경우에 그 대응을 위하여 한시적으로 구성되는 테러사건대책본부・현장지휘본부 등을 말한다.
6. 삭제 〈2009.8.14.〉
7. 삭제 〈2009.8.14.〉
8. "테러경보"라 함은 테러의 위협 또는 위험수준에 따라 관심・주의・경계・심각의 4단계로 구분하여 발령하는 경보를 말한다.

제3조(기본지침) 국가의 대테러활동을 위한 기본지침은 다음과 같다.

1. 국가의 대테러업무를 효율적으로 수행하기 위하여 범국가적인 종합대책을 수립하고 지휘 및 협조체제를 단일화한다.
2. 관계기관 등은 테러위협에 대한 예방활동에 주력하고, 테러 관련 정보 등 징후를 발견한 경우에는 관계기관에 신속히 통보하여야 한다.
3. 테러사건이 발생하거나 발생이 예상되는 경우에는 테러대책기구 및 사건대응조직을 통하여 신속한 대응조치를 강구한다.
4. 국내외 테러의 예방・저지 및 대응조치를 원활히 수행하기 위하여 국제적인 대테러 협력체제를 유지한다.
5. 국가의 대테러능력을 향상・발전시키기 위하여 전문인력 및 장비를 확보하고, 대응기법을 연구・개발한다.
6. 테러로 인하여 발생하는 각종 피해의 복구와 구조활동, 사상자에 대한 조치 등 수습활동은 「재난 및 안전 관리기본법」 등 관계법령에서 정한 체계와 절차에 따라 수행함을 원칙으로 한다.
7. 이 훈령과 대통령훈령 제28호 통합방위지침의 적용여부가 불분명한 사건이 발생한 경우에는 사건 성격이 명확히 판명될 때까지 통합방위지침에 의한 대응활동과 병행하여 이 훈령에 의한 대테러활동을 수행한다.

제4조(적용범위) 이 훈령은 관계기관과 그 외에 테러예방 및 대응조치를 위하여 필요한 정부의 관련 기관에 적용한다.

2. 테러의 특징

- 정치적, 사회적 목적을 달성하기 위하여 철저히 계산된 계획에 의하여 테러를 한다.
- 테러수법으로는 폭발물 장치 및 투척, 자살공격, 하이재킹, 요인납치, 암살 등의 다양한 방법을 사용한다.
- 구소련의 붕괴와 냉전의 종식으로 극좌 테러단체의 활동이 위축되었다.
- 소수민족의 분리・독립과 종교・지역간의 갈등으로 인한 테러, 문명간의 충돌에 의한 테러, 첨단 컴퓨터통신을 이용한 사이버테러 등이 증가하고 있다.

3. 테러와 게릴라전의 비교

	테러	게릴라전
차이점	10명 내외의 소수인원이 주민들의 지원여부에 개의치 않고 독자적으로 정치적・상징적 승리를 추구	수백~수만명의 무장인력으로 지역주민의 지원을 얻어 군사적 승리를 추구
공통점	모두 정치적 목적을 달성하고자 하는 점	
	게릴라조직도 대개 테러수법을 병용하기 때문에 엄밀히 보면 테러조직에 포함시킬 수도 있다	

제2절 테러와 테러리즘의 유형

1. 테러의 유형

백색테러 [white terror]	• 정치적 목적을 달성하기 위해 암살, 파괴 등을 수단으로 하는 우익세력의 테러.
외로운 늑대형 테러 [lone wolf terror]+	• 혼자 계획하고 단독적으로 실행하는 자생적 테러 • 자율적으로 소규모 대상을 공격하는 유형의 테러 • 전문테러단체 조직원이 아닌 자생적 테러리스트를 이르는 말 • 특정 조직이나 이념이 아니라 정부에 대한 개인적 반감을 이유로 스스로 행동에 나선다는 것이 특징임 예 2012년 3월 프랑스에서 발생한 테러 모하메드 메라는 툴루즈에 위치한 유대인 학교에서 총을 난사해 교사와 학생 등 4명을 살해

	예 1995년 미국 오클라호마시티 연방청사 테러사건 범인인 티머시 맥베이 예 2013년 4월 보스턴 마라톤 테러를 자행한 차르나예프 형제, 예 2014년 12월 호주 시드니 도심 카페에서 인질극을 일으킨 범인 만 하론 모니스
소프트 타깃 테러 [soft target terror]	• 테러리스트나 군대의 공격에 취약한 민간인에 대한 테러 행위. • 정부기관이나 공적기관을 대상으로 하는 '하드 타깃 테러'의 반대 개념 • 민간인에 대한 정치적 목적의 테러 행위 예 1986년 이란 · 콘트라 스캔들에서 미국이 콘트라 반군으로 하여금 민간병원과 학교 등을 공격하도록 한 것에서 비롯

2. 테러리즘의 유형

1) 이데올로기적 테러리즘	좌익 테러리즘	마르크스주의, 네오 마르크스주의, 트로츠키즘, 모택동주의, 무정부주의(아나키즘), 혁명주의 등
	우익 테러리즘	특정 인종우월주의, 나치즘, 네오 나치즘, 파시즘, 네오 파시즘 등
2) 민족주의적 테러리즘	• 특정한 민족공동체를 기반으로 분리 · 독립 등을 주장하는 테러리즘 • 민족과 종교가 중첩되는 경우가 많으므로 종교적 테러리즘과 명확한 구별이 곤란. • 민족주의적 테러리즘은 구소련과 같이 사회통제력이 약화되는 경우나, 같은 민족이 2 체제로 분리되어 있다가 통합되는 과정에서의 주도권을 장악하기 위한 테러가 발생되기도 한다.	
3) 국가 테러주의 [state terrorism]	• 일부 정권들이 자신들의 국내, 국제정책의 일부로서 사용하는 테러의 한 형태. 예 구소련, 중국, 과거의 남아프리카공화국과 같은 나라에서 나타나는 국가의 테러는 공개 처형, 변칙적인 체포, 감금, 대량학살, 고문, 야당집단의 처형 등의 형태 예 일부 국가들이 국제테러리스트 조직에 재정적, 정신적인 지원을 해 주는 것	
4) 사이버 테러리즘	• 인터넷을 통하여 공공기관의 정보망에 침입하여 정보시스템을 파괴하는 것. • 메일폭탄, 바이러스의 전송 등을 통하여 사이트를 마비시키는 형태로 최근에 증가하고 있음.	
5) 슈퍼 테러리즘 [super terrorism] / '**뉴테러리즘**' / '**포스트 테러리즘**'	• 9 · 11테러와 같이 불특정 다수를 대상으로 하는 테러방식 • 불특정 다수를 대상으로 하는 새로운 테러의 양태 예 9 · 11테러 • 특정인물이나 계층을 상대로 선택적 공격을 하지 않고 일반 대중을 테러의 대상으로 삼는다. • 특별한 요구조건을 내세우지 않으며, 대량 살상이 가능한 첨단무기를 동원하기도 한다.	

3. 테러리즘의 발생원인

정치적 환경	강대국의 등장, 정치적 부패, 정치적 불안정
경제적 환경	경제의 변동, 경제적 빈곤
사회적 환경	고도의 산업사회화, 도시화, 새로운 과학기술의 발전, 국제화와 국제협력의 미비

이슬람원리주의 [Islamic fundamentalism]	이슬람교에서 코란의 가르침에 따라 원래의 이슬람정신으로 돌아가자는 운동
지하드성전(聖戰)	이슬람교를 전파하기 위해 이슬람교도에게 부과된 종교적 의무

[그림 7-1] IS 테러조직

제3절 주요 테러 사건들

시카고연방빌딩 폭탄테러	세계산업노동자동맹(IWW)의 연맹지도자 헤이우드의 처형에 대한 보복으로 1918년 노동조합 적극분자들에 의해서 행해진 폭탄테러

[그림 7-2] 시카고 연방빌딩 테러

미국대폭발테러사건 (9 · 11 테러)	• 오사마 빈 라덴의 테러조직인 알 카에다 등 이슬람 테러조직이 미국 주도의 세계평화 저지, 미국인과 유대인에 대한 성전 수행 • 2001년 9월 11일, 미국 뉴욕의 110층 세계무역센터(WTC) 쌍둥이 빌딩과 워싱턴의 국방부 건물에 대한 항공기 동시 다발 자살테러 사건. • 항공기 납치 동시 다발 자살테러로 인해 미국 뉴욕의 110층짜리 세계무역센터(WTC) 쌍둥이 빌딩이 무너지고, 워싱턴의 국방부 청사(펜타곤)가 공격을 받은 대참사

[그림 7-3] 9 · 11 테러 1

[그림 7-4] 9 · 11 테러 2

옴진리교 가스테러사건	• 교주의 종말론 예언을 실현하기 위해서 불특정 다수의 시민을 대상으로 맹독성 가스 사린 살포 • 1995년 3월 20일 관청 밀집지역인 가스미가세키역의 5개 전동차 안에서 독가스가 동시다발적으로 살포되어 5,500여 명이 눈과 코에서 피를 흘리는 등 심각한 중독현상으로 쓰러졌다. 이 중 12명이 목숨을 잃었다. • 화학무기를 사용하여 불특정 다수에 대한 무차별 다량 살상을 노렸다는 점이 특징 • 아사하라를 비롯한 옴진리교 간부 및 신자 29명이 살인 및 살인미수 혐의로 기소

우리나라

김영삼 질산 테러 사건	• 1969년 6월 20일 밤 10시 15분 경 귀가 도중 신민당 원내총무 김영삼의 차량에 괴한 3명이 질산이 든 병을 던진 사건
아웅 산 묘역 테러 사건	• 1983년 10월 9일에 버마(현 미얀마)의 수도 랑군(현 양곤)에 위치한 아웅 산 묘역에서 미리 설치된 폭탄이 터져 한국인 17명과 버마인 4명 등 21명이 사망하고 수십 명이 부상당한 조선민주주의인민공화국 인민무력부 정찰국의 폭탄 테러 사건 • 대한민국의 서석준 부총리와 이범석 외무부 장관, 김동휘 상공부 장관 등 각료와 수행원 17명이 사망하고 기타 수행원들이 부상당하였다. • 사건 직후 대한민국의 대통령 전두환은 공식 순방 일정을 취소하고 귀국했다.

[그림 7-5] 아웅산 테러

제4절 우리나라에서의 테러발생의 요인과 대응방안

1. 테러의 발생요인

1) 가치다원화 현상과 테러리즘	급격한 개방화와 가치다원화에 따른 효과적인 의견수렴을 하지 못한 경우, 소외된 소수의견 주장자들이 자신의 주장을 알리기 위하여 비(非)정상적인 방법에 호소할 가능성이 있다.
2) 산업사회로부터의 일탈과 테러리즘	급속한 경제발달로 인한 상대적인 빈곤감으로 인한 테러 발생의 개연성이 있다.
3) 반(反)체제집단에 의한 현실부정과 테러리즘	특정한 이념, 의식, 가치체계를 알리기 위하여 의도적으로 테러를 할 수 있다.
4) 북한과의 특수한 관계와 테러리즘	경제침체에 따른 관심전환, 적화통일전략상, 북한의 주장이 국제사회에서 인정받지 못하는 소수의견에 불과하다는 점 등을 고려할 때 테러의 가능성을 배제할 수 없다.

2. 테러리즘의 대응방안

1) 테러리즘의 성숙환경의 배제	• 정치적 부패나 불안정을 극복하고 소득재분배 정책 등의 정착으로 계층간의 갈등요소를 제거, 급진적인 이상주의에 대한 허와 실을 정확히 판단하고 반체제 성향의 집단의 주장을 제도권내로 흡수 · 반영, 상대적 박탈감의 해소를 위한 노력, 각종 보도매체가 테러에 이용되지 않는 환경 등을 조성해야 한다.
2) 테러에 대한 기피태도의 유의	• 테러의 성공률을 낮게 하기 위하여 경비활동을 강화하고, 총기 및 폭발물 등에 대하여 통제관리를 철저히 한다. • 테러행위에 따른 위험부담을 극대화하기 위하여 절대 불(不)양보정책의 선언, 대테러특공대의 운영, 테러범의 엄벌 등
3) 테러조직의 원천적 근절	
4) 국제협력의 강화	• 각국간의 테러에 관한 정보교환, 테러지원국가에 대한 공동대응 및 제제, 테러에 대한 규제 강화

테러방지법 (2016년 3월 2일 통과)	법안은 테러 방지를 위해 국가정보원에 정보수집 및 추적권을 부여하고 테러인물을 감시 · 관리할 수 있는 법적 근거를 담고 있다. 테러방지법은 대테러활동 관련 실무 조정 등을 하는 대테러센터를 국무총리 산하에 설치하고, 국가정보원에 정보수집권과 추적권을 부여했다. 국가정보원은 테러 위험인물의 ▲개인정보(사상 · 신념 · 건강 등 민감정보 포함) · 위치정보 · 통신이용 정보 수집 ▲출입국 · 금융거래 기록 추적 조회 ▲금융 거

	래 정지 등을 요청할 수 있게 된다. 다만 테러위험인물에 대한 추적을 할 경우 국무총리인 대책위원회 위원장에게 사전 또는 사후에 보고하도록 했다. 대테러 업무 수행 과정에서 기본권 침해가 발생하지 않도록 인권보호관 1명을 대책위 밑에 두기로 했다.

제5절 세계의 주요 테러조직

1. 국제 테러 조직의 개괄

1) 중동과 아프리카의 테러조직

알 카에다 [Al-Qaeda]	• 알카이다(Al-Qaida)는 "기초"란 의미로 사우디아라비아 출신인 오사마 빈 라덴이 1988년에 설립한 테러단체이다. • 미 연방검찰은 아프가니스탄에 본부를 둔 테러조직 '알 지하드'를 흡수 합병해 조직을 확대한 것으로 파악하고 있다. • 서방 정보기관들은 알 카이다가 평의회와 3개 위원회(종교, 군사, 자금) 아래 최소한 35개 국가에서 세포조직을 운영하는 것으로 분석하고 있다. • '아프간 동지(Afghan alumni)'로 불리는 이들은 구 소련이 1989년 철수한 뒤부터는 주적(主敵)을 미국으로 바꿔 테러공격을 감행했다. • 알카이다는 1998년 아프리카의 케냐와 나이지리아의 미국 대사관 폭파와 9월 11일 미국의 뉴욕과 워싱턴에서 발생했던 테러 등의 배후자로 지목받고 있다.
헤즈블라 [Hezbollah]	• 레바논의 이슬람교 시아파(派) 교전단체이자 정당조직
보코하람 [Boko Haram]	• 2002년 결성된 나이지리아의 이슬람 극단주의 테러 조직으로 이슬람 신정국가 건설을 목표로 하고 있음 예 2014년 4월 나이지리아 동북부 도시인 치복의 한 학교를 급습, 여학생 276명을 납치, 2015년 3월에는 중동의 수니파 무장단체 이슬람국가(IS)에 충성을 맹세
팔레스타인 해방인민전선 [PFLP : Popular Front for the Liberation of Palestine]	• PLO(Palestine Liberation Organization : 팔레스타인해방기구)내 두 번째 강력한 세력을 가진 급진파 게릴라조직 • 민족주의와 마르크스주의를 주창하면서 이스라엘과는 어떤 화해도 반대하며 이스라엘의 멸망을 통한 팔레스타인의 완전한 해방을 목표로 한다. 예 1967년 7월 22일 승객과 승무원 등 45명을 태우고 로마에서 아테네로 운항하던 이스라엘의 엘알(EL AL) 보잉 707기를 중무장한 테러범 5명이 공중납치하여 알제리 공항에 착륙시킨 후 유대인이 아닌 인질 23명만을 석방하였다. 예 1972년 5월 30일에는 이스라엘에 도착한 프랑스 항공 소속 승무원 및 탑승객이 입국 수속을 받던 중 팔레스타인해방인민전선(PFLP)의 사주로 일본 적군파 소속 테러범이 수류탄과 자동소총으로 무차별 공격을 가해 28명이 죽고 70여 명이 부상당하였다.
PFLP-GC	• PFLP-GC(General Command : 총본부)는 PFLP에 가담하여 대(對)이스라엘 투쟁을 전개했던 아메드 지브릴(Ahmad Jibril)이 조지 하바시의 지도력에 반감을 가지고 1968년 탈퇴하여 결성한 무장 테러리스트 단체이다. • 이스라엘을 파괴하고 팔레스타인 국가 건설을 최종 목표로 하고 있다.
이라크 이슬람국가 [Islamic State of Iraq / ISI]	• 이라크 무자헤딘 슈라 회의의 확장·개편 조직. • 2006년 이라크 알 카에다를 중심으로 다수의 수니파 무장조직과 부족이 연합하여 설립한 단체로, 이라크 내 수니파 이슬람국가 수립을 목표로 한다.

	• 현재 활동중인 이슬람국가(Islam State, IS) 조직의 전신이다. • 이라크 알 카에다의 활동 목표를 그대로 이어받아 이라크에서 미군을 비롯한 서방 군대를 축출하고, 이라크 및 이웃 국가들을 포괄하는 이슬람 국가 또는 칼리파제 국가 수립을 목표로 한다. 예 2006년 11월 23일 사드르시 폭발사건으로, 215명이 사망 예 2007년 3월 23일 이라크 부총리 암살시도, 예 2007년 5월 미군에 대한 공격
▶ Al-Jihad	• 1980년대 후반 오사마 빈 라덴의 개인적인 내과의사인 Dr. Ayman al - Zawahiri 가 만든 것이다. • 알 지하드는 "성전"이라는 뜻으로 이집트 카이로에 본부를 두고 오사마 빈 라덴의 "알 카에다"와 주요한 네트워크망을 가지고 있다. • 알 지하드의 주 목표는 1977년의 캠프 데이비드 평화보고 때에 이스라엘과 이집트 사이의 이슬람에 대한 배신으로 인한 Hosni Mubarak의 이집트 정부 교체와 오사마 빈 라덴의 알카에다 조직과 연합하여 율법적 결정인 "유대인들 그리고 십자군들에 반대하는 성전" 아래 미국을 테러 목표로 하고 있다. • 알-지하드는 2001년 9월 11일 세계 무역 센터와 미 국방성 테러의 주 역할을 했다고 생각된다.
Abu Nidal Organization (ANO)	• Adu Nidal에 의하여 1974년에 조직된 팔레스타인 테러리스트 단체이다. • 유태인에 대한 무장투쟁, 친(親)아라파트 인사들에 대한 공격을 통해 이스라엘과 팔레스타인간의 평화협상 무산, 팔레스타인 문제에 부정적인 아랍국가에 대한 공격 등이다.
검은9월단 [Black September]	• PLO(Palestine Liberation Organization : 팔레스타인해방기구) 알파타에서 분리된 가장 과격한 극좌파 무장조직이다. 예 1970년 11월 당시 요르단의 탈 총리를 이집트 카이로의 한 호텔에서 암살 예 1972년 5월 뮌헨올림픽에서 이스라엘 선수단 2명을 죽이고 9명을 인질로 붙잡은 사건 예 1972년 12월 태국의 이스라엘 대사관 습격사건
검은 6월단 [Black June]	• 1980년대까지 팔레스타인 해방을 목표로 테러 활동을 벌인 아부 니달 그룹의 산하 조직
하마스 [Hamas]	• 이스라엘에 대한 테러를 주도하고 있는 팔레스타인의 대표적인 무장단체 • 팔레스타인 문제를 이슬람교와 유대교의 투쟁으로 정의(定義)하여, 이스라엘의 존속을 전제로 하고 있는 중동평화교섭에 반대하는 등 모든 정치적 협상에 반대하고 있고, 협상에 적극적인 PLO 지도자에 대한 공격도 서슴지 않으며 각종 테러에 관여해 왔다. • 하마스의 활동은 크게 학교·병원 건설 같은 사회사업과 자폭테러·무력투쟁 등의 군사조직 두 개의 큰 틀로 나뉜다. • 책임자의 리더십하에 계속적인 세분화된 세포조직 체제를 가지고 있다. 예 군사조직으로는 '에즈 에딘 알 까삼(Ezz Eddin al-Qassam)'를 두고, 하마스의 모든 테러리즘을 계획하고 자행하는 행동조직이다.
Hamas	• 이스라엘이 점령하고 있는 가자지구와 웨스트 뱅크 지역에서 활동하고 있는 팔레스타인 과격 테러리스트 단체이다. • 1987년에 아마드 야신(Ahmad Yasin)에 의해 무슬림 형제당(Muslim Brothers)에서 분리되어 창설되었다.

	• 군사조직으로 에즈 에딘 알까삼(Ezz Eddin al-Qassam)를 두고 있다. • 하마스는 이슬람 전통과 혁명사상을 강조하면서 이스라엘에 이슬람 팔레스타인 국가 건설을 목표로 한다. • 이스라엘정부에 의한 야신의 살해로 이스라엘과 중동간의 대립이 더욱 격화되고 있다.
Hizballah	• 헤즈볼라는 이란의 호메이니(Ayatollah Khomeini)의 무슬림 군국주의 노선에 영향을 받아 1983년에 조직된 정치·군사조직 • 시아 무슬림(Shia Muslim) 이데올로기와 일치하지 않는 국가와 개인에게 적대감을 가지며, 이란 호메이니의 혁명을 모델로 삼아 레바론에 시아 이슬람 국가를 건설하며, 서구 국가의 영향력 행사를 배제하며, 레바론 내의 이슬람 운동의 선구자 역할을 하는 것을 정치적 목표로 삼고 있음.

2) 유럽의 테러조직

붉은 여단 [Red Brigades, Brigate Rosse]	• 마르크스 레닌주의를 표방하는 이탈리아의 극좌파 테러 조직으로 1970년 결성. • 목표는 이탈리아 정부를 전복하고 마르크스 혁명의 길로 나아가는 것 • 대중의 억압자인 사회 지도층에 속하는 기업체 간부, 경찰간부, 법조인, 정치지도자 등이 주요 공격대상. • 주로 사용하는 테러리즘 유형은 니케핑(Kneecaping : 사람을 죽이지 않고 총기류 따위로 무릎부근을 쏘아 불구자 로 만드는 테러리즘 기법), 인질납치, 살인 등. 혁명을 통해서 이태리 정부를 전복하고, 북대서양 조약기구(NATO)에 대한 반대, 그리고 제국주의 표상으로 간주하고 있는 다국적 기업에 대한 파괴 등을 정치적 목적으로 내세우고 있음. 예 1978년 3월, 알도 모로(Aldo Moro) 전 이탈리아 총리를 납치, 살해한 것
북아일랜드 공화국군 [PIRA : Provisional Irish Republican Army]	• 영국으로부터 북아일랜드의 독립을 주장하며 북아일랜드 구교도들이 조직한 무장 독립 투쟁 단체. • 1921년 영국과 아일랜드가 조약을 체결하여 남아일랜드 지역은 아일랜드 자유국가(The Irish Free State)로 독립, • 북아일랜드는 영국의 자치령으로 유지. • IRA는 통상 북아일랜드 과격파 조직인 북아일랜드 공화국군(PIRA)를 의미 • 영국정부는 2000년 2월 북아일랜드의 자치권을 박탈하고 직접 통치 • 2002년 5월 29일 자치정부의 통치권이 복원
아이아르에이 [IRA]	• 영국령 북아일랜드와 아일랜드공화국의 통일을 요구하는 반(半)군사조직. • IRA의 실체는 영국으로부터의 완전독립을 목표로 하는 의용군 • 아일랜드 전국토의 통합을 요구하는 로마가톨릭교회 계열의 IRA는 북아일랜드의 로마가톨릭교도와 함께 1969년 이래 북아일랜드에 주재하고 있는 영국군을 대상으로 테러활동을 선개 • 1921년 북아일랜드 지역이 영연방에 잔류함으로써 영국이 무력으로 통치를 기정사실화하자 아일랜드계 과격조직인 IRA가 1969년부터 영국에 대한 테러활동을 시작 예 1969년 이래 1991년 하반기까지 약 2,000명의 시민을 포함한 경찰, 군인 2,911명이 죽었다. • 1994년 8월 IRA의 신페인당이 영국에게 무조건 전면 휴전을 선언

	• 1998년 4월 평화협정의 찬반을 묻는 투표에서 북아일랜드와 아일랜드공화국 주민들의 압도적인 지지를 얻어 자치의회, 정부구성 및 북아일랜드가 영국에 속해 있다는 것을 재확인 • 1999년 북아일랜드 자치정부가 수립되고, 2001년 IRA가 무장해제를 선언
쿠르드 노동자당(PKK)	• 터키의 테러단체
터키인민해방군(TPLA)	• 터키정부를 폭력에 의한 혁면으로 전복시키고 극좌정권의 수립을 전개하는 단체(터키혁명청년연맹―터키인민해방군)
코르시카 부흥운동(ARC)	• 프랑스
남 몰루카 독립공화국(RMS)	• 네들란드
바스크 독립운동 (ETA)	• 서유럽에서 가장 오래된 테러리스트 단체 중의 하나이다. • ETA는 스페인 정부에 대한 무차별적 테러리즘 공격을 통해 맑스주의 바스크 국가를 건설한다는 목표에 따라 1959년에 조직되었다. • 이데올로기는 맑스주의이지만 근본적인 동기는 민족주의이며, ETA는 여러 개의 조직으로 구성되어 있고, 이중 가장 공격적인 조직은 ETA-Military Wing(ETA-M)이다. • 바스크 지역은 민족주의 감정이 널리 확산되어 있고, 주민 상당수가 ETA의 정치적 목적에 찬성하고 있어, ETA의 테러리즘 캠페인은 앞으로도 지속적으로 발생할 것으로 예상된다.
독일적군파 (RAF)	• 1968년 조직되어 가장 악명높은 테러리스트 단체 중의 하나인 독일의 Red Army Faction(RAF)은 1960년대 학생들의 반전(反戰)운동의 일환으로 모습을 드러냈었다. • 원래는 바더-마인호프 갱(Baader-Meinhof Gang)으로 불리웠던 RAF는 미국의 존재를 독일에서 제거하고, 자본주의의 붕괴, 전세계 맑스주의 혁명을 달성하기 위한 수단으로 반(反)체제주의 활동과 테러리즘을 수단으로 활용했다.
무장플로레타리아 조직(NAP)	• 나폴리를 주된 기반으로 1974년에 부상한 단체로 대학생, 전과자 및 극좌파 단체인 'Lotta Continua'(투쟁이 계속되다)로부터 이탈한 자로 구성된 단체이다. • 스스로를 마르크스-레닌이나 스탈린주의자가 아닌 혁명주의자라고 하면서 형무소 공격을 주로 하였다.

3) 미주지역의 테러조직

인민혁명군 [People's Revolutionary Army]	• 아르헨티나의 공산주의 국가를 건설하려는 테러집단. • 레닌주의를 따르며 남아메리카 자본주의를 철저히 반대
미국민병대	• 연방정부놔 UN에 대한 반감, 오클라호마 연방건물 폭파사건의 주범
투팍아마르 혁명운동 (MRTA), 빛나는 길(SL)	• 페루
뚜빠마로스(Tupamaros)	• 우루과이

4) 아시아의 테러조직

제마 이슬라미야 [Jemaah Islamiah]	• 동남아시아 지역에 이슬람 통합국가를 건설하는 것을 목표로 활동하고 있는 이슬람원리주의 무장 테러단체. • 말레이시아·싱가포르·필리핀·인도네시아·타이·브루나이 등에 있는 이슬람 세력들을 규합해 동남아시아 지역을 이슬람화할 목적으로 1990년대 초에 결성된 동남아시아 이슬람원리주의자들의 연합세력 • 필리핀의 이슬람 분리주의 단체인 모로이슬람해방전선(Moro Islamic Liberation Front : MILF)과도 연계 예 2002년 10월 200명 이상의 목숨을 앗아간 발리섬 폭탄 테러, 예 2004년 9월에 일어난 인도네시아 자카르타 호주대사관 차량 폭탄 테러(9명 사망, 180명 중경상) .
신인민군 [New People's Army, 新人民軍]	• 필리핀의 레닌주의 테러단체. • 1968년 필리핀 공산당 산하 군사 조직으로 창설되었다. • 노동자와 농민 혁명의 주체가 되어 필리핀 집권 정부를 전복하고 그들이 추구하는 사회주의 국가 건설을 목표로 한다.
아부사야프 그룹(ASG)	• 필리핀 남부지역을 무대로 하는 이슬람 극렬단체
일본 적군파 (JRA)	• 일본공산당연맹에서 탈퇴한 시게노부 후사코가 1960년대 말에 창설하였다. • 1970. 4월 일본도로 무장한 9명의 테러리스트들이 요도호를 납치하여 북한행을 요구하는 항공기 납치로 세상에 실체가 드러났다. • 테러리즘을 통해서 맑스-레닌주의 혁명을 달성하고, 일본이 제국주의에 반대한다는 목표로 무차별적인 공격에 가담했다. • 1972년에는 조직의 극심한 분열로 10여명의 요원을 고문하여 사망케 한 사건이 발생한 직후, 일본 경찰의 포위망이 가까워지자 대부분이 해외로 도주하였으며, 이후 팔레스타인 테러리스트 단체인 PFLP와 연계하여 테러리즘을 자행하였다. • 2000. 11. 9일 일본 적군(赤軍) 최고간부 시게노부 후사코(重信房子·55)가 일본에 잠입해 있다가 오사카(大阪)에서 검거되었다.
타밀 타이거 (LTTE : Liberation Tigers of Tamil Eelam))	• 인도의 남부 해안에 위치한 스리랑카는 전체 인구의 74%를 점하고 있으며 불교를 믿고 있는 상할리족과 북동지방에 주로 거주하고 있는 힌두교의 타밀족으로 형성되어 있다. • 타밀 이주자들이 분리독립을 주장하기 시작하면서 공동체 상호간의 투쟁형태를 보이다가, 1970년대에 이르러 스리랑카 북부에 타밀족 이람독립군(State of Eelam) 창설을 목표로 하면서 이람국 건설에 장애가 되는 온건 타밀족의 정치인 암살, 스리랑카 정부와 인도 정부간의 어떠한 평화적 협상도 거부할 것을 주장하였다. • 1983년 대규모의 반정부 투쟁이후에는 스리랑카 정부군, 경찰에 대한 공격은 물론 무고한 시민에 대한 무차별적 공격을 자행하고 있다.

2. 주요 테러분자

오사마 빈 라덴 [Osama bin Laden]	• 사우디아라비아 출신의 국제 테러리스트. • 이집트 과격단체들과 동맹을 맺고 막대한 부를 바탕으로 자신이 조직한 테러조직 알카에다를 통해 국제적인 테러를 지원하기 시작하여 미국 대사관 폭탄테러와 9·11 미국대폭발테러 등의 배후자로 지목됨.
아이만 알 자와히리 [Ayman al-Zawahiri]	• 국제 테러조직 알카에다의 지도자 • 2011년 5월 미국에 의해 사살된 알 카에다의 지도자 오사마 빈 라덴의 후임으로 2011년 임명됨. • 알 자와히리는 알카에다 내 최고 전략가이자 이론가 • '알카에다의 얼굴이 빈 라덴이라면 두뇌는 알 자와히리다.'라는 말이 있을 정도로 테러를 실질적으로 기획·주도하며 배후 조종해 왔음.
아부 니달 [Abu Nidal]	• 1970~1980년대에 활동한 팔레스타인의 테러 지도자. • 아라파트의 온건노선에 반발하여 파타혁명평의회라는 새로운 조직을 결성 예 영국 주재 이스라엘 대사 암살 기도 예 로마 및 빈 공항 테러 공격 등 회의 테러 공격을 감행하여 총 900여 명에 달하는 사람들이 희생됨. 예 1982년의 영국 주재 이스라엘 대사 암살 기도 예 1985년의 로마 및 빈 공항 테러 공격, 예 1986년 파키스탄에서의 미국 여객기 납치 및 이스탄불의 유대교회당 공격 예 아라파트의 측근 16명을 살해, 직접 아라파트 암살을 시도
아메드 야신(Ahmad Yasin)	• 팔레스타인의 정치 지도자. • 이스라엘을 공격하기 위한 하마스(HAMAS : 이슬람 저항운동단체)를 창설하여 본격적인 무장투쟁을 시작 • 종교서적 출판, 설교와 연설 등을 통한 대중조직화사업을 벌였음. • 팔레스타인 저항세력 하마스(HAMAS : 이슬람 저항운동단체)의 정신적 지도자

[그림 7-6] 빈 라덴 테러지도자 : 사살됨

[그림 7-7] 알 자와히리

[그림 7-8] 야신

[그림 7-9] 니달

제6절 각국의 대테러조직

1. 영국

영국 공수특전단 [SAS : Special Air Service]	• 영국의 테러 대응 조직이자 세계 최초의 테러 진압 특공대 • 2차대전 후에는 테러진압 부대로 운영되었는데, 특히 1950년대 영국의 식민지였던 말레이시아의 공산 게릴라, 인도의 반영세력 등을 진압하는 데 투입되었다. • 1960년 아일랜드 공화국군(IRA)에 의해 영국 왕실과 정부의 주요 인사에 대한 납치, 암살 등의 테러 진압에 치중 • 1972년 9월 뮌헨 올림픽 선수촌의 이스라엘 선수 숙소에서 검은 9월단에 자행한 사건을 계기로 공수특전단에서 분리되어 SAS 특공대가 창설되었다. • SAS 특공대 상급부대인 SAS 공수특전단은 테러가 발생하면 경찰의 지휘와 통제를 받는다. 경찰지휘본부는 즉각조치팀(SAS, 특공대), 정보팀, 교섭팀, 내무성 연락팀, 공보팀, 안전팀 등으로 구성된다. 예 1977년 6월 네덜란드에서 발생한 열차 인질납치사건 해결 예 1977년 10월 서독의 루프트한자 항공기 인질 구출 시 GSG-9와 합동 작전을 성공시킨 것 예 1977년 소말리아의 항구 도시 모가디슈(Mogadishu)에서 독일연방 국경경찰대 제9부대를 도와 테러리스트들이 납치한 독일 루프트한자(Lufthansa) 항공기에 진입, 인질 86명 전원을 구출 예 1980년에는 영국 런던 주재 이란 대사관 억류 인질을 구출 예 1982년 포클랜드전쟁(Falkland Islands War) 등에도 참전해 적의 후방을 교란하는 임무를 수행 예 1991년 걸프전쟁(Gulf War)에서도 이라크군 후방에 침투하여 각종 정보를 수집하여 다국적군에 보고하여 대 공중전을 승리로 이끄는 데 공헌.
MI5 [Military Intelligence, Section 5]	• 영국의 국내 파트 담당 보안정보국으로, 테러방지, 방첩, 보안정보 등에 관련된 업무를 수행한다. • 정식명칭은 보안정보국(SS; Security Service) • 해외정보를 담당하는 비밀정보국(SIS or MI6)은 국내외 통신과 전기신호를 감시해 정보를 수집하는 정보통신본부(GCHQ)와 함께 영국 3대 정보기관으로 꼽힌다. • 국내과는 MI5, 국외과는 MI6 • 1931년 아일랜드 테러리스트와 무정부주의자 사안을 제외한 영국의 안보에 위협이 되는 모든 일들을 담당하는 역할을 맡았다. • 오늘날 MI5의 역할은 크게 테러방지, 방첩, 국가전복기도방지, 방호보안, 보안정보 활동으로 나누어진다. • 1989년 제정된 보안국법(Security Service Act)법은 MI5의 역할을 '첩보공작・테러・사보타주로부터의 위협, 외국 첩보요원의 활동에 따른 위협, 정치・산업・폭력적 수단을 통한 의회민주주의 전복・훼손 행위로부터의 위협 등에서 국가안보를 보호'하는 것으로 규정
테러행위진압에 관한 유럽협약 [European	• 1977년 1월 유럽심의회 구성국 중 17개국에 의해 서명 • 공중납치, 외교관 등의 국제적으로 보호되는 자에 대한 공격, 인질구류, 폭탄사용과 기타인의 생명・신체 또는 자유에 대한 중대한 폭력행위인 테러행위(→ 테러리즘)

Convention on the Suppression of Terrorism]	를 정치범죄로 인정하지 않고 인도가 가능하다는 점 • 인도되지 않는 경우에는 범죄인 소재지국에 처벌을 위해 필요한 재판권의 설정을 의무화하는 점이 특징

[그림 7-10] 영국, SAS

[그림 7-11] 영국, MI 5 건물

2. 미국

미국 SEAL [Sea Air Land]	• 미국의 테러 진압 해군 특공대. 예 1979년 11월 이란 주재 미국 대사관 점거 사건으로 억류된 인질 100여 명을 구출하기 위해 투입되었으나 작전 중 헬리콥터가 추락하여 대원 8명이 사망하면서 구출에 실패, 사건 직후 미국은 100명 규모로 군사 지원을 배제한 테러 진압 특공대 SEAL-6팀을 창설 • 한국 등 우방국 간 해상 테러 예방에 긴밀히 협조.
국토안보부 [Department of Homeland Security]	• 미국이 9·11 테러 이후 자국 영토 내 안보를 총괄 담당할 기구로 출범시킨 초대형 연방 정부 부서 • 테러방지와 자연재해 발생 시 대처, 이민업무, 국경안전관리 등의 기능을 수행한다. • 장관은 국방장관이나 법무장관과 같은 지위로 미국 내 테러위협과 관련한 모든 정보에 대한 접근권을 갖고 있으며, 비자발급업무를 관할한다. 그러나 전쟁이나 기타 군사적 방어활동에 개입할 권한은 없다. • 국경경비, 재난 및 화생방 공격 대비 활동, 정보 분석, 이민 관리, 사이버 보안 • 국경 경비, 재난대비 활동, 화생방 공격대비 활동, 정보분석 등의 업무를 관할하며, 세관, 이민귀환국, 국경순찰대, 비밀경찰국, 연방비상계획처 등 기존의 조직을 흡수하였다. 그 밖에 교통안전부와 국토안보연구센터, 사이버 보안전략 총괄기관 등 새로 창설되는 기관도 산하기관에 포함 • 기존의 연방수사국(FBI)과 시아이에이(CIA : 중앙정보국)는 흡수에서 제외되었다. • 중요 업무는 미국에 대한 테러공격의 예방과 국민보호이며, 수장인 장관은 미국 안의 모든 테러 위협과 관련된 정보에 대한 접근권, 비자발급 및 거부권한을 갖는다. • FBI와 CIA의 대테러리즘 기능을 제외하고 법무부·해안경비대·세관·이민국·국경순찰대·비밀경호국(SS)·연방비상계획처 등의 대테러리즘 업무담당 부서가 모두 편입되었다.

FBI [Federal Bureau of Investigation]	• 미국 법무부 산하 연방수사기관 • 국가안보 및 테러 등 범죄 수사 • 테러 마약 등 범죄 수사, 해외첩보 수집, 외국의 스파이 활동에 대응 등 • FBI의 모토는 '신의, 용기, 그리고 진실'(Fidelity, Bravery, and Integrity)이다. • 임무(Mission)는 테러리스트와 외국 첩보작전 및 스파이 활동의 위협에 대항해 미국을 보호하고, 미국의 범죄 관련 법안을 지지하고 강화하며, 연방 및 주(州)정부・국제기구 등에 리더십과 범죄 대항 서비스를 제공하는 것이다. • FBI의 수사권 범위는 간첩 내란 테러 등 국가안보 관련 범죄, 마피아 등 조직폭력범죄, 연쇄살인 은행강도 등 강력범죄, 해커 인터넷사기 등 컴퓨터 범죄, 대출사기 자금세탁 보험사기 등 화이트칼라 범죄, 약취유인 소아성도착 등 아동범죄, 차량절도 등 일반형사범죄 등이다.
CIA [Central Intelligence Agency]	• 미국 대통령 직속의 국가정보기관 • 1947년 국가 차원의 정보 수집 및 특수공작 수행 • 미국 내 정보기관 간 업무 조정, 좌익정권 축출 공작, 해외 테러・마약 및 경제첩보 수집 등 • CIA는 외국 정부와 기업, 주요 인물에 대한 정보를 수집・분석한 뒤 미국 정부의 각 부처에 보고한다. • 트루먼 대통령은 1947년 국가안전보장회의 (National Security Council・NSC)를 설립하고 그 산하에 CIA를 발족시켰다. • NSC는 미국 내 정책과 외교 및 군사 정책의 통합 등에 대해 대통령에게 자문하는 최고 국방회의 • CIA의 주요 임무는 NSC에 대한 안보 정책정보 제공, 정보담당 각 기관의 조정 등이다. 또 정보의 정리 및 평가, 검토, 분배 기능 및 NSC가 명하는 정보활동 수행, 특수정보 수집 등이다. 특수공작도 병행한다. • CIA는 정보부와 작전부, 과학기술부, 집행부 등 4개 부서로 나뉘어 있다. • 정보부는 해외의 핵심 이슈에 대해 공개적이든 비공개적이든 모든 출처의 정보를 취합・분석한다. • 비밀공작 업무는 작전국에서 관장한다. • 과학기술부는 임무 수행을 보조하는 과학적・기술적 설비와 장치를 개발・관장한다. • 행정부는 요원과 시설, 정보원(情報源) 등을 보호하는 역할을 한다. 이밖에 정보연구센터와 전자기록공개센터가 있다. 예 1953년 이란 모사데크 정권 전복공작, 1954년 과테말라 좌익정권 전복, 1963년 베트남 쿠데타

[그림 7-12] 미국, SEAL 마크

[그림 7-13] 미국, FBI

[그림 7-14] 미국, CIA

국가테러대책센터 (NCTC : National Counterterrorism Center)	• 국가테러대책센터는 미국 버지니아 주 메클레인에 위치한 미국 정부기관이다. • 현재는 미국 국가 정보국(DNI) 산하에 있다. • CIA, FBI, 펜타곤 등 연방 정부의 관련 전문가들을 한곳에 모았다. • 테러와 관련된 미국 시민권자에 대한 광범위한 정보를 수집, 저장, 분석할 권한을 부여했다.
코드 오렌지 [code orange]	• 테러 등 고도의 위협이 있을 때 발령하는 미국의 경계태세. • 미국의 경계태세는 코드 그린(green), 코드 블루(blue), 코드 옐로(yellow), 코드 오렌지, 코드 레드(red) 등 5가지 색깔로 구분해 발령된다. 코드 오렌지는 경계태세 중 두 번째로 높은 것으로, 테러와 같은 고도의 위협이 있을 때 국토안보부(DHS)에서 발령한다. • 코드 오렌지가 발령되면 보안 당국이 각종 공공행사에 추가적인 경계조치를 취하고, 무장병력이나 법 집행기관들과 보안 업무를 조정·통합하게 된다. • 정규전에 대비해 발령하는 한국의 전투준비태세(방어준비태세)인 데프콘(Defense Readiness Condition)과 비슷한 경계태세로, 데프콘도 5단계로 구분해 발령된다.
사이버 스톰 [cyber storm]	• 미국의 사이버 테러 대응훈련 • 미국 국토안보부 산하 기관인 국가사이버보안처(NCSD)의 주도로 9·11테러 이후인 2006년부터 격년제로 실시하는 국가 차원의 사이버 테러 대응훈련이다. • 최초로 실시된 2006년 「사이버스톰1」 2008년 3월 「사이버스톰2」

3. 독일

독일연방 국경경찰대 제9부대 [GSG-9 : Border Guards Group-9,Grenz Schutz Gruppe-9]	• 독일연방 국경경찰대 제9부대는 독일의 특수 부대다. • 요인 경호와 테러 진압, 특수 작전 수행을 주요 임무로 삼고 있다. • 독일 연방경찰(Bundes polizei) 산하에 소속돼 있다. • 1972년 뮌헨 올림픽에서 '검은 9월단(Black September)'이 벌인 테러 사건을 계기로 설립됐다. • 조직 편성은 저격, 진압, 폭파, 구출, 정찰, 기술 지원, 예비팀으로 구성되었다. 예 1977년 소말리아의 항구 도시 모가디슈(Mogadishu)에서 벌어진 항공기 납치 사건 진압이다. 당시 이 부대는 테러리스트들이 납치한 독일의 루프트한자(Lufthansa) 항공기에 진입해 테러범 3명을 사살하고 인질 86명 전원을 구출 예 1998년 철도회사 도이치반(Deutsche Bahn)에 침입한 강도 체포 예 2001년 이집트에 억류된 네 명의 독일 여행객을 구출

[그림 7-15] 독일

4. 프랑스

프랑스 헌병특공대 [GIGN : National Gendarmerie Intervention Group / Groupe d'Intervention de la Gendarmerie Nationale]	• 국가 헌병대 소속의 세계 최강의 테러 진압대. • 조직 구성은 교육대, 테러 특공대, 고공침투조, 특수 경호대 등으로 편성되며, 가장 핵심적인 테러 특공대는 대장이 대위이며 폭파조·저격조·소탕조 등으로 세분화된다. • 주요임무는 인질 구 출, 경호, 핵 시설 경계와 극악범 호송 등이다. • GIGN은 약 20년간 총 650여 건의 대 테러 특공 작전을 수행하여 550명의 테러범들을 사살·검거하였고, 인질 520명을 구출하였다. 예 1994년 12월 24일 프랑스 소속 항공기가 알제리 회교 원리주의자 테러 집단에 의해 납치되었을 당시, GIGN 특공대는 테러범 4명을 사살하고 인질 170여 명을 무사히 구출 예 1979년 사우디아라비아의 회교 성지 메카에서 벌인 작전과 1994년 프랑스 여객기 납치 사건을 해결한 것 예 인질 구출과 주요 시설물 보호, 요인 경호 등을 담당하며 극악무도한 범인을 수송하는 임무도 함께 맡고 있다. 예 수많은 선박 납치 사건을 해결한 것

[그림 7-16] 프랑스, 국가헌병대

5. 이스라엘

사레트 매트칼 [Sayaret Matkal]	• 이스라엘의 대(對)테러 특수부대 테-러 진압, 특수부대에 대한 자문과 훈련 등 • 사레트 매트칼 외에 사레트13(Sayaret 13)이라는 해군 특수부대도 운영 중 예 1968년 12월 이스라엘 항공기 납치에 대한 보복으로 레바논 베이루트국제공항(Beirut International Airport)에 계류 중이던 13대의 여객기를 폭파했다. 예 1972년 5월 검은9월단 소속 테러범들이 벨기에 사바나 항공기를 납치해 이스라엘 공항에 강제 착륙시킨 뒤 테러범 석방을 요구했을 때는 정비기술자로 위장한 대원들을 투입해 테러리스트 4명을 사살 및 생포하고 100여명의 승객을 무사히 구출했다. 예 1976년 7월 아프리카 엔테베공항(Entebbe Airport)으로 납치된 여객기를 구출하기 위해 원정작전을 벌이기도 했다.

[그림 7-17] 이스라엘 사이렛 매트칼

제7절 우리나라 경비경찰과 대테러대책

1. 의의

국민보호와 공공안전을 위한 테러방지법 (2016년 3월 2일 통과)	• 대한민국 국민보호와 공공안전을 위한 테러방지법 • 테러의 예방 및 대응 활동 등에 관하여 필요한 사항과 테러로 인한 피해보전 등을 규정함으로써 테러로부터 국민의 생명과 재산을 보호하고 국가 및 공공의 안전을 확보하는 것을 목적으로 한다고 명시

2. 국가대테러활동지침, 테러대책기구

1) 테러대책회의

제5조(설치 및 구성)	① 국가 대테러정책의 심의·결정 등을 위하여 대통령 소속하에 테러대책회의를 둔다. ② 테러대책회의의 의장은 국무총리가 되며, 위원은 다음 각호의 자가 된다. 〈개정 2008. 8.18., 2012.2.9.〉 1. 외교통상부장관·통일부장관·법무부장관·국방부장관·행정안전부장관·지식경제부장관·보건복지부장관·환경부장관 및 국토해양부장관 2. 국가정보원장 3. 국무총리실장 3의2. 원자력안전위원회위원장 4. 대통령실 경호처장·대통령실 외교안보수석비서관·관세청장·경찰청장·소방방재청장 및 해양경찰청장 5. 그 밖에 의장이 지명하는 자

	③ 테러대책회의의 사무를 처리하기 위하여 1인의 간사를 두되, 간사는 제11조의 규정에 의한 테러정보통합센터의 장으로 한다. 다만, 제20조의 규정에 의한 분야별 테러사건대책본부가 구성되는 때에는 해당 테러사건대책본부의 장을 포함하여 2인의 간사를 둘 수 있다.
제6조(임무)	테러대책회의는 다음 각호의 사항을 심의한다. 1. 국가 대테러정책 2. 그 밖에 테러대책회의의 의장이 부의하는 사항
제7조(운영)	① 테러대책회의는 그 임무를 수행하기 위하여 의장이 필요하다고 인정하거나 위원이 회의소집을 요청하는 때에 의장이 이를 소집한다. ② 테러대책회의의 의장·위원 및 간사의 직무는 다음과 같다. 1. 의장 가. 테러대책회의를 소집하고 회의를 주재한다. 나. 테러대책회의의 결정사항에 대하여 대통령에게 보고하고, 결정사항의 시행을 총괄·지휘한다. 2. 위원 가. 테러대책회의의 소집을 요청하고 회의에 참여한다. 나. 소관사항에 대한 대책방안을 제안하고, 의결사항의 시행을 총괄한다. 3. 간사 가. 테러대책회의의 운영에 필요한 실무사항을 지원한다. 나. 그 밖의 회의 관련 사무를 처리한다. 다. 제5조제3항 단서의 규정에 의한 분야별 테러사건대책본부의 장은 테러사건에 대한 종합상황을 테러대책회의에 보고하고, 테러대책회의의 의장이 지시한 사항을 처리한다. ③ 의장이 부득이한 사유로 직무를 수행할 수 없는 때에는 제8조의 규정에 의한 테러대책상임위원회의 위원장이 그 직무를 수행한다.

2) 테러대책상임위원회

제8조(설치 및 구성)	① 관계기관 간 대테러업무의 유기적인 협조·조정 및 테러사건에 대한 대응대책의 결정 등을 위하여 테러대책회의 밑에 테러대책상임위원회(이하 "상임위원회"라 한다)를 둔다. ② 상임위원회의 위원은 다음 각호의 자가 되며, 위원장은 위원 중에서 대통령이 지명한다. 〈개정 2008.8.18.〉 1. 외교안보정책조정회의 상임위원(외교통상부장관·통일부장관·국방부장관, 국가정보원장, 국무총리실장 대통령실 외교안보수석비서관) 및 행정안전부장관 2. 경찰청장 3. 그 밖에 상임위원회의 위원장이 지명하는 자 ③ 상임위원회의 사무를 처리하기 위하여 1인의 간사를 두되, 간사는 제11조의 규정에 의한 테러정보통합센터의 장으로 한다.

제9조(임무)	상임위원회의 임무는 다음 각호와 같다. 1. 테러사건의 사전예방·대응대책 및 사후처리 방안의 결정 2. 국가 대테러업무의 수행실태 평가 및 관계기관의 협의·조정 3. 대테러 관련 법령 및 지침의 제정 및 개정 관련 협의 4. 그 밖에 테러대책회의에서 위임한 사항 및 심의·의결한 사항의 처리
제10조(운영)	① 상임위원회의 회의는 정기회의와 임시회의로 구분하며, 위원장이 소집한다. ② 정기회의는 원칙적으로 반기 1회 개최한다. 〈개정 2008.8.18.〉 ③ 임시회의는 위원장이 필요하다고 인정하거나 위원이 회의소집을 요청하는 때에 소집된다. ④ 상임위원회의 위원장·위원 및 간사의 직무에 대하여는 제7조제2항의 규정을 준용한다. ⑤ 상임위원회의 운영을 효율적으로 지원하기 위하여 관계기관의 국장으로 구성되는 실무회의를 운영할 수 있으며, 간사가 이를 주재한다.

3) 테러정보통합센터

제11조(설치 및 구성)	① 테러 관련 정보를 통합관리하기 위하여 국가정보원에 관계기관 합동으로 구성되는 테러정보통합센터를 둔다. ② 테러정보통합센터의 장(이하 "센터장"이라 한다)을 포함한 테러정보통합센터의 구성과 참여기관의 범위·인원과 운영 등에 관한 세부사항은 국가정보원장이 정하되, 센터장은 국가정보원 직원 중 테러 업무에 관한 전문적 지식과 경험이 있는 자로 한다. ③ 국가정보원장은 관계기관의 장에게 소속공무원의 파견을 요청할 수 있다. ④ 테러정보통합센터의 조직 및 운영에 관한 사항은 공개하지 아니할 수 있다.
제12조(임무)	테러정보통합센터의 임무는 다음 각호와 같다. 1. 국내외 테러 관련 정보의 통합관리 및 24시간 상황처리체제의 유지 2. 국내외 테러 관련 정보의 수집·분석·작성 및 배포 3. 테러대책회의·상임위원회의 운영에 대한 지원 4. 테러 관련 위기평가·경보발령 및 대국민 홍보 5. 테러혐의자 관련 첩보의 검증 6. 상임위원회의 결정사항에 대한 이행점검 7. 그 밖에 테러 관련 정보의 통합관리에 필요한 사항
제13조(운영)	① 관계기관은 테러 관련 정보(징후·상황·첩보 등을 포함한다)를 인지한 경우에는 이를 지체없이 센터장에게 통보하여야 한다. ② 센터장은 테러정보의 통합관리 등 업무수행에 필요하다고 인정하는 경우에는 관계기관의 장에게 필요한 협조를 요청할 수 있다.

4) 지역 테러대책협의회

제14조(설치 및 구성)	① 지역의 관계기관 간 테러예방활동의 유기적인 협조·조정을 위하여 지역 테러대책협의회를 둔다. ② 지역 테러대책협의회의 의장은 국가정보원의 해당지역 관할지부의 장이 되며, 위원은 다음 각호의 자가 된다. 〈개정 2008.8.18., 2012.2.9.〉 1. 법무부·보건복지부·환경부·국토해양부·국가정보원의 지역기관, 원자력안전위원회, 관세청·대검찰청·경찰청·소방방재청·식품의약품안전청·해양경찰청의 지역기관, 지방자치단체, 지역 군·기무부대의 대테러업무 담당 국·과장급 직위의 자 2. 그 밖에 지역 테러대책협의회의 의장이 지명하는 자
제15조(임무)	지역 테러대책협의회의 임무는 다음 각호와 같다. 1. 테러대책회의 또는 상임위원회의 결정사항에 대한 시행방안의 협의 2. 당해 지역의 관계기관 간 대테러업무의 협조·조정 3. 당해 지역의 대테러업무 수행실태의 분석·평가 및 발전방안의 강구
제16조(운영)	① 지역 테러대책협의회는 그 임무를 수행하기 위하여 의장이 필요하다고 인정하거나 위원이 회의소집을 요청하는 때에 의장이 이를 소집한다. ② 지역 테러대책협의회의 운영에 관한 세부사항은 제7조의 규정을 준용하여 각 지역 테러대책협의회에서 정한다.

5) 공항·항만 테러·보안대책협의회

제17조(설치 및 구성)	① 공항 또는 항만 내에서의 테러예방 및 저지활동을 원활히 수행하기 위하여 공항·항만별로 테러·보안대책협의회를 둔다. ② 테러·보안대책협의회의 의장은 당해 공항·항만의 국가정보원 보안실장(보안실장이 없는 곳은 관할지부의 관계과장)이 되며, 위원은 다음 각호의 자가 된다. 〈개정 2008.8.18., 2012.2.9.〉 1. 당해 공항 또는 항만에 근무하는 법무부·보건복지부·국토해양부·관세청·경찰청·소방방재청·해양경찰청·국군기무사령부 등 관계기관의 직원 중 상위 직위자 2. 공항·항만의 시설관리 및 경비책임자 3. 그 밖에 테러·보안대책협의회의 의장이 지명하는 자
제18조(임무)	테러·보안대책협의회는 당해 공항 또는 항만 내의 대테러 활동에 관하여 다음 각호의 사항을 심의·조정한다. 1. 테러혐의자의 잠입 및 테러물품의 밀반입에 대한 저지대책 2. 공항 또는 항만 내의 시설 및 장비에 대한 보호대책 3. 항공기·선박의 피랍 및 폭파 예방·저지를 위한 탑승자와 수하물의 검사대책 4. 공항 또는 항만 내에서의 항공기·선박의 피랍 또는 폭파사건에 대한 초동(初動) 비상처리대책 5. 주요인사의 출입국에 따른 공항 또는 항만 내의 경호·경비 대책 6. 공항 또는 항만 관련 테러첩보의 입수·분석·전파 및 처리대책 7. 그 밖에 공항 또는 항만 내의 대테러대책

제19조(운영)	① 테러·보안대책협의회는 그 임무를 수행하기 위하여 의장이 필요하다고 인정하거나 위원이 회의소집을 요청하는 때에 의장이 이를 소집한다. ② 테러·보안대책협의회의 운영에 관한 세부사항은 공항·항만 별로 테러·보안대책협의회에서 정한다.

3. 국가대테러활동지침, 테러사건 대응조직

1) 분야별 테러사건대책본부

제20조(설치 및 구성)	① 테러가 발생하거나 발생이 예상되는 경우 외교통상부장관은 국외테러사건대책본부를, 국방부장관은 군사시설테러사건대책본부를, 보건복지부장관은 생물테러사건대책본부를, 환경부장관은 화학테러사건대책본부를, 국토해양부장관은 항공기테러사건대책본부를, 원자력안전위원회위원장은 방사능테러사건대책본부를, 경찰청장은 국내일반테러사건대책본부를, 해양경찰청장은 해양테러사건대책본부를 설치·운영한다. 〈개정 2008.8.18., 2012.2.9.〉 ② 상임위원회는 동일 사건에 대하여 2개 이상의 테러사건대책본부가 관련되는 경우에는 사건의 성질·중요도 등을 고려하여 테러사건대책본부를 설치할 기관을 지정한다. ③ 테러사건대책본부의 장은 테러사건대책본부를 설치하는 부처의 차관급 공무원으로 하되, 경찰청과 해양경찰청은 차장으로 한다.
제21조(임무)	테러사건대책본부의 임무는 다음 각호와 같다. 1. 테러대책회의 또는 상임위원회의 소집 건의 2. 제23조의 규정에 의한 현장지휘본부의 사건대응활동에 대한 지휘·지원 3. 테러사건 관련 상황의 전파 및 사후처리 4. 그 밖에 테러대응활동에 필요한 사항의 강구 및 시행
제22조(운영)	① 테러사건대책본부의 장은 테러사건대책본부의 운영에 필요한 경우 관계기관의 장에게 전문인력의 파견 등 지원을 요청할 수 있다. ② 테러사건대책본부의 편성·운영에관한 세부사항은 테러사건대책본부가 설치된 기관의 장이 정한다.

2) 현장지휘본부

제23조(설치 및 구성)	① 테러사건대책본부의 장은 테러사건이 발생한 경우 사건현장의 대응활동을 총괄하기 위하여 현장지휘본부를 설치할 수 있다. 〈개정 2009.8.14.〉 ② 현장지휘본부의 장은 테러사건대책본부의 장이 지명하는 자로 한다. ③ 현장지휘본부의 장은 테러의 양상·규모·현장상황 등을 고려하여 협상·진압·구조·소방·구급 등 필요한 전문조직을 구성하거나 관계기관의 장으로부터 지원받을 수 있다. ④ 외교통상부장관은 해외에서 테러가 발생하여 정부차원의 현장대응이 필요한 경우에는 관계기관 합동으로 정부현지대책반을 구성하여 파견할 수 있다.

3) 대테러특공대

제24조(구성 및 지정)	① 테러사건에 대한 무력진압작전의 수행을 위하여 국방부・경찰청・해양경찰청에 대테러특공대를 둔다. ② 국방부장관・경찰청장・해양경찰청장은 대테러특공대를 설치하거나 지정하고자 할 때에는 상임위원회의 심의를 거쳐야 한다. ③ 국방부장관・경찰청장・해양경찰청장은 대테러특공대의 구성 및 외부 교육훈련・이동 등 운용사항을 대통령경호안전대책위원회의 위원장과 협의하여야 한다.
제25조(임무)	대테러특공대는 다음 각호의 임무를 수행한다. 1. 테러사건에 대한 무력진압작전 2. 테러사건과 관련한 폭발물의 탐색 및 처리 3. 요인경호행사 및 국가중요행사의 안전활동에 대한 지원 4. 그 밖에 테러사건의 예방 및 저지활동
제26조(운영)	대테러특공대는 테러진압작전을 수행할 수 있도록 특수전술능력을 보유하여야 하며, 항상 즉각적인 출동 태세를 유지하여야 한다.
제27조(출동 및 작전)	① 테러사건이 발생하거나 발생이 예상되는 경우 대테러특공대의 출동 여부는 각각 국방부장관・경찰청장・해양경찰청장이 결정한다. 다만, 군 대테러특공대의 출동은 군사시설 내에서 테러사건이 발생하거나 테러대책회의의 의장이 요청하는 때에 한한다. ② 대테러특공대의 무력진압작전은 상임위원회에서 결정한다. 다만, 테러범이 무차별 인명살상을 자행하는 등 긴급한 대응조치가 불가피한경우에는 국방부장관・경찰청장・해양경찰청장이 대테러특공대에 긴급 대응작전을 명할 수 있다. ③ 국방부장관・경찰청장・해양경찰청장이 제2항 단서의 규정에 의하여 긴급 대응작전을 명한 경우에는 이를 즉시 상임위원회의 위원장에게 보고하여야 한다.

4) 협상팀

제28조(구성)	① 무력을 사용하지 않고 사건을 종결하거나 후발사태를 저지하기 위하여 국방부・경찰청・해양경찰청에 협상실무요원・통역요원・전문요원으로 구성되는 협상팀을 둔다. 〈개정 2009.8.14.〉 ② 협상실무요원은 협상 전문능력을 갖춘 공무원으로 편성하고, 협상전문요원은 대테러전술 전문가・심리학자・정신의학자・법률가 등 각계 전문가로 편성한다.
제29조(운영)	① 국방부장관・경찰청장・해양경찰청장은 테러사건이 발생한 경우에는 협상팀을 신속히 소집하고, 협상팀 대표를 선정하여 사건현장에 파견하여야 한다. ② 국방부장관・경찰청장・해양경찰청장은 테러사건이 발생한 경우에 협상팀의 신속한 현장투입을 위하여 협상팀을 특별시・광역시・도 단위로 관리・운용할 수 있다. ③ 국방부장관・경찰청장・해양경찰청장은 협상팀의 대응능력을 향상시키기 위하여 협상기법을 연구・개발하고 필요한 장비를 확보하여야 한다. ④ 협상팀의 구성・운용에 관한 세부사항은 국방부장관・경찰청장・해양경찰청장이 정한다.

5) 긴급구조대 및 지원팀 〈개정 2009.8.14.〉

제30조(긴급구조대)	① 테러사건 발생 시 신속히 인명을 구조·구급하기 위하여 소방방재청에 긴급구조대를 둔다. ② 긴급구조대는 테러로 인한 인명의 구조·구급 및 테러에 사용되는 위험물질의 탐지·처리 등에 대한 전문적 능력을 보유하여야 한다. ③ 소방방재청장은 테러사건이 발생하거나 발생이 예상되는 경우에는 긴급구조대를 사건현장에 신속히 파견한다. [전문개정 2009.8.14.]
제31조(지원팀)	① 관계기관의 장은 테러사건이 발생한 경우에는 테러대응활동을 지원하기 위하여 지원팀을 구성·운영한다. ② 지원팀은 정보·외교·통신·홍보·소방·제독 등 전문 분야별로 편성한다. ③ 관계기관의 장은 현장지휘본부의 장의 요청이 있거나 테러대책회의 또는 상임위원회의 결정이 있는 때에는 지원팀을 사건현장에 파견한다. ④ 관계기관의 장은 평상시 지원팀의 구성에 필요한 전문요원을 양성하고 장비 등을 확보하여야 한다. [전문개정 2009.8.14.]

6) 대화생방테러 특수임무대 〈신설 2012.2.9.〉

제31조의2(구성 및 지정)	① 화생방테러에 대응하기 위하여 국방부에 대화생방테러 특수임무대를 둘 수 있다. ② 국방부장관은 제1항에 따라 대화생방테러 특수임무대를 설치하거나 지정하려는 때에는 상임위원회의 심의를 거쳐야 한다. [본조신설 2012.2.9.]
제31조의3(임무)	① 대화생방테러 특수임무대는 다음 각 호의 임무를 수행한다. 1. 화생방테러 발생 시 오염확산 방지 및 피해 최소화 2. 화생방테러 관련 오염지역 정밀 제독 및 오염 피해 평가 3. 요인경호 및 국가중요행사의 안전활동에 대한 지원 [본조신설 2012.2.9.]
제31조의4(운영)	① 대화생방테러 특수임무대는 화생방테러에 대응하기 위한 전문지식 및 작전수행 능력을 배양하여야 하며 항상 출동태세를 유지하여야 한다. ② 국방부장관은 현장지휘본부의 장의 요청이 있거나 테러대책회의 또는 상임위원회의 결정이 있는 때에는 대화생방테러 특수임무대를 사건 현장에 파견한다. ③ 국방부장관은 대화생방테러 특수임무대의 구성에 필요한 전문요원을 양성하고 필요한 장비 및 물자를 확보하여야 한다. [본조신설 2012.2.9.]

7) 합동조사반 〈개정 2012.2.9.〉

제32조(구성)	① 국가정보원장은 국내외에서 테러사건이 발생하거나 발생할 우려가 현저한 때에는 예방조치·사건분석 및 사후처리방안의 강구 등을 위하여 관계기관 합동으로 조사반을 편성·운영한다. 다만, 군사시설인 경우 국방부장관(국군기무사령관)이 자체 조사할 수 있다. 〈개정 2009.8.14.〉 ② 합동조사반은 관계기관의 대테러업무에 관한 실무전문가로 구성하며, 필요한 경우 공공기관·단체 또는 민간의 전문요원을 위촉하여 참여하게 할 수 있다.
제33조(운영)	① 합동조사반은 테러사건의 발생지역에 따라 중앙 및 지역별 합동조사반으로 구분하여 운영할 수 있다. ② 관계기관의 장은 평상시 합동조사반에 파견할 전문인력을 확보·양성하고, 합동조사를 위하여 필요한 경우에 인력·장비 등을 지원한다.

4. 국가대테러활동지침, 예방·대비 및 대응활동

1) 예방·대비활동

제34조(정보수집 및 전파)	① 관계기관은 테러사건의 발생을 미연에 방지하기 위하여 소관업무와 관련한 국내외 테러 관련 정보의 수집활동에 주력한다. ② 관계기관은 테러 관련 정보를 입수한 경우에는 지체없이 센터장에게 이를 통보하여야 한다. ③ 센터장은 테러 관련 정보를 종합·분석하여 신속히 관계기관에 전파하여야 한다.
제35조(테러경보의 발령)	① 센터장은 테러위기의 징후를 포착한 경우에는 이를 평가하여 상임위원회에 보고하고 테러경보를 발령한다. ② 테러경보는 테러위협 또는 위험의 정도에 따라 관심·주의·경계·심각의 4단계로 구분하여 발령하고, 단계별 위기평가를 위한 일반적 업무절차는 국가위기관리기본지침에 의한다. ③ 테러경보는 국가전역 또는 일부지역에 한정하여 발령할 수 있다. ④ 센터장은 테러경보의 발령을 위하여 필요한 사항에 대한 세부지침을 수립하여 시행한다.
제36조(테러경보의 단계별 조치)	① 관계기관의 장은 테러경보가 발령된 경우에는 다음 각호의 기준을 고려하여 단계별 조치를 취하여야 한다. 1. 관심 단계 : 테러 관련 상황의 전파, 관계기관 상호간 연락체계의 확인, 비상연락망의 점검 등 2. 주의 단계 : 테러대상 시설 및 테러에 이용될 수 있는 위험물질에 대한 안전관리의 강화, 국가중요시설에 대한 경비의 강화, 관계기관별 자체 대비태세의 점검 등 3. 경계 단계 : 테러취약요소에 대한 경비 등 예방활동의 강화, 테러취약시설에 대한 출입통제의 강화, 대테러 담당공무원의 비상근무 등

	4. 심각 단계: 대테러 관계기관 공무원의 비상근무, 테러유형별 테러사건대책본부 등 사건대응조직의 운영준비, 필요장비·인원의 동원태세 유지 등 ② 관계기관의 장은 제1항의 규정에 의하여 단계별 세부계획을 수립·시행하여야 한다.
제37조(지도 및 점검)	① 관계기관의 장은 소관업무와 관련하여 국가중요시설·다중이 이용하는 시설·장비 및 인원에 대한 테러예방대책과 테러에 이용될 수 있는 위험물질에 대한 안전관리대책을 수립하고, 그 시행을 지도·감독한다. ② 국가정보원장은 필요한 경우 관계기관 합동으로 공항·항만 등 테러의 대상이 될 수 있는 국가중요시설·다중이 이용하는 시설 및 장비에 대한 테러예방활동을 관계법령이 정하는 바에 따라 지도·점검할 수 있다.
제38조(국가중요행사에 대한 안전활동)	① 관계기관의 장은 국내외에서 개최되는 국가중요행사에 대하여 행사특성에 맞는 분야별 대테러·안전대책을 수립·시행하여야 한다. ② 국가정보원장은 국가중요행사에 대한 대테러·안전대책을 협의·조정하기 위하여 필요한 경우에는 관계기관 합동으로 대테러·안전대책기구를 편성·운영할 수 있다. 다만, 대통령 및 국가원수에 준하는 국빈 등이 참석하는 행사에 관하여는 대통령경호안전대책위원회의 위원장이 편성·운영할 수 있다.
제39조(교육 및 훈련)	① 관계기관의 장은 대테러 전문능력의 배양을 위하여 필요한 인원 및 장비를 확보하고, 이에 따른 교육·훈련계획을 수립·시행한다. ② 관계기관의 장은 제1항의 규정에 의한 계획의 운영에 관하여 국가정보원장과 미리 협의하여야 한다. ③ 국가정보원장은 관계기관 대테러요원의 전문적인 대응능력의 배양을 위하여 외국의 대테러기관과의 합동훈련 및 교육을 지원하고, 관계기관 합동으로 종합모의훈련을 실시할 수 있다.

2) 대응활동

제40조(상황전파)	① 관계기관의 장은 테러사건이 발생하거나 테러위협 등 그 징후를 인지한 경우에는 관련 상황 및 조치사항을 관련 기관의 장 및 국가정보원장에게 신속히 통보하여야 한다. ② 테러사건대책본부의 장은 사건 종결시까지 관련 상황을 종합처리하고, 대응조치를 강구하며, 그 진행상황을 테러대책회의의 의장 및 상임위원회의 위원장에게 보고하여야 한다. ③ 법무부장관과 관세청장은 공항 및 항만에서 발생하는 테러와 연계된 테러혐의자의 출입국 또는 테러물품의 반·출입에 대한 적발 및 처리상황을 신속히 국가정보원장·경찰청장 및 해양경찰청장에게 통보하여야 한다.
제41조(초동조치)	① 관계기관의 장은 테러사건이 발생한 경우에는 사건현장을 통제·보존하고, 후발 사태의 발생 등 사건의 확산을 방지하기 위하여 신속한 초동조치(初動措置)를 하여야 하며, 증거물의 멸실을 방지하기 위하여 가능한 한 현장을 보존하여야 한다. ② 제1항의 규정에 의한 초동조치 사항은 다음 각호와 같다. 1. 사건현장의 보존 및 통제

	2. 인명구조 등 사건피해의 확산방지조치 3. 현장에 대한 조치사항을 종합하여 관련 기관에 전파 4. 관련 기관에 대한 지원요청
제42조(사건대응)	① 테러사건이 발생한 경우에는 상임위원회가 그 대응대책을 심의·결정하고 통합지휘하며, 테러사건 대책본부는 이를 지체없이 시행한다. ② 테러사건대책본부는 필요한 경우에는 현장지휘본부를 가동하여 상황전파 및 대응체계를 유지하고, 단계별 조치사항을 체계적으로 시행한다. ③ 법무부장관은 테러사건에 대한 수사를 위하여 필요한 경우에는 검찰·경찰 및 관계기관 합동으로 테러사건수사본부를 설치하여 운영하며, 테러정보통합센터·테러사건대책본부와의 협조체제를 유지한다.
제43조(사후처리)	① 테러사건대책본부의 장은 제9조의 규정에 의한 상임위원회의 결정에 따라 관계기관의 장과 협조하여 테러사건의 사후처리를 총괄한다. ② 테러사건대책본부의 장은 테러사건의 처리결과를 종합하여 테러대책회의의 의장 및 상임위원회의 위원장에게 보고하고, 관계기관에 이를 전파한다. ③ 관계기관의 장은 사후대책의 강구를 위하여 필요한 경우에는 관할 수사기관의 장에게 테러범·인질에 대한 신문참여 또는 신문결과의 통보를 요청할 수 있다.

5. 국가대테러활동지침, 관계기관별 임무

제44조(관계기관별 임무)	대테러활동에 관한 관계기관별 임무는 다음 각 호와 같다. 〈개정 2008.8.18., 2009.8.14., 2012.2.9.〉 1. 대통령실 가. 국가 대테러 위기관리체계에 관한 기획·조정 나. 테러 관련 중요상황의 보고 및 지시사항의 처리 다. 테러분야의 위기관리 표준·실무매뉴얼의 관리 2. 금융위원회 가. 테러자금의 차단을 위한 금융거래 감시활동 나. 테러자금의 조사 등 관련 기관에 대한 지원 3. 삭제 〈2012.2.9.〉 4. 외교통상부 가. 국외 테러사건에 대한 대응대책의 수립·시행 및 테러 관련 재외국민의 보호 나. 국외 테러사건의 발생시 국외테러사건대책본부의 설치·운영 및 관련 상황의 종합처리 다. 대테러 국제협력을 위한 국제조약의 체결 및 국제회의에의 참가, 국제기구에의 가입에 관한 업무의 주관 라. 각국 정부 및 주한 외국공관과의 외교적 대테러 협력체제의 유지 5. 법무부(대검찰청을 포함한다) 가. 테러혐의자의 잠입에 대한 저지대책의 수립·시행 나. 위·변조여권 등의 식별기법의 연구·개발 및 필요장비 등의 확보 다. 출입국 심사업무의 과학화 및 전문 심사요원의 양성·확보 라. 테러와 연계된 혐의가 있는 외국인의 출입국 및 체류동향의 파악·전파

마. 테러사건에 대한 법적 처리문제의 검토·지원 및 수사의 총괄
바. 테러사건에 대한 전문 수사기법의 연구·개발
6. 국방부(합동참모본부·국군기무사령부를 포함한다)
가. 군사시설 내에 테러사건의 발생시 군사시설테러사건대책본부의 설치·운영 및 관련 상황의 종합처리
나. 대테러특공대 및 폭발물 처리팀의 편성·운영
다. 국내외에서의 테러진압작전에 대한 지원
라. 군사시설 및 방위산업시설에 대한 테러예방활동 및 지도·점검
마. 군사시설에서 테러사건 발생 시 군 자체 조사반의 편성·운영
바. 군사시설 및 방위산업시설에 대한 테러첩보의 수집
사. 대테러전술의 연구·개발 및 필요 장비의 확보
아. 대테러 전문교육·훈련에 대한 지원
자. 협상실무요원·전문요원 및 통역요원의 양성·확보
차. 대화생방테러 특수임무대 편성·운영
7. 행정안전부(경찰청·소방방재청을 포함한다)
가. 국내일반테러사건에 대한 예방·저지·대응대책의 수립 및 시행
나. 국내일반테러사건의 발생시 국내일반테러사건대책본부의 설치·운영 및 관련 상황의 종합처리
다. 범인의 검거 등 테러사건에 대한 수사
라. 대테러특공대 및 폭발물 처리팀의 편성·운영
마. 협상실무요원·전문요원 및 통역요원의 양성·확보
바. 중요인물 및 시설, 다중이 이용하는 시설 등에 대한 테러방지대책의 수립·시행
사. 긴급구조대 편성·운영 및 테러사건 관련 소방·인명구조·구급활동 및 화생방 방호대책의 수립·시행
아. 대테러전술 및 인명구조기법의 연구·개발 및 필요장비의 확보
자. 국제경찰기구 등과의 대테러 협력체제의 유지
8. 지식경제부
가. 기간산업시설에 대한 대테러·안전관리 및 방호대책의 수립·점검
나. 테러사건의 발생시 사건대응조직에 대한 분야별 전문인력·장비 등의 지원
9. 보건복지부
가. 생물테러사건의 발생시 생물테러사건대책본부의 설치·운영 및 관련 상황의 종합처리
나. 테러에 이용될 수 있는 병원체의 분리·이동 및 각종 실험실에 대한 안전관리
다. 생물테러와 관련한 교육·훈련에 대한 지원
10. 환경부
가. 화학테러의 발생시 화학테러사건대책본부의 설치·운영 및 관련 상황의 종합처리
나. 테러에 이용될 수 있는 유독물질의 관리체계 구축
다. 화학테러와 관련한 교육·훈련에 대한 지원
11. 국토해양부(해양경찰청을 포함한다)
가. 건설·교통 분야에 대한 대테러·안전대책의 수립 및 시행
나. 항공기테러사건의 발생시 항공기테러사건대책본부의 설치·운영 및 관련 상황의 종합처리

	다. 항공기테러사건의 발생시 폭발물처리 등 초동조치를 위한 전문요원의 양성·확보 라. 항공기의 안전운항관리를 위한 국제조약의 체결, 국제기구에의 가입 등에 관한 업무의 지원 마. 항공기의 피랍상황 및 정보의 교환 등을 위한 국제민간항공기구와의 항공통신정보 협력체제의 유지 바. 해양테러에 대한 예방대책의 수립·시행 및 관련 업무 종사자의 대응능력 배양 사. 해양테러사건의 발생시 해양테러사건대책본부의 설치·운영 및 관련 상황의 종합처리 아. 대테러특공대 및 폭발물 처리팀의 편성·운영 자. 협상실무요원·전문요원 및 통역요원의 양성·확보 차. 해양 대테러전술에 관한 연구개발 및 필요장비·시설의 확보 카. 해양의 안전관리를 위한 국제조약의 체결, 국제기구에의 가입 등에 관한 업무의 지원 타. 국제경찰기구 등과의 해양 대테러 협력체제의 유지 11의2. 원자력안전위원회 가. 방사능테러 발생시 방사능테러사건대책본부의 설치·운영 및 관련 상황의 종합처리 나. 방사능테러 관련 교육·훈련에 대한 지원 다. 테러에 이용될 수 있는 방사성물질의 대테러·안전관리 12. 관세청 가. 총기류·폭발물 등 테러물품의 반입에 대한 저지대책의 수립·시행 나. 테러물품에 대한 검색기법의 개발 및 필요장비의 확보 다. 전문 검색요원의 양성·확보 13. 국가정보원 가. 테러 관련 정보의 수집·작성 및 배포 나. 국가의 대테러 기본운영계획 및 세부활동계획의 수립과 그 시행에 관한 기획·조정 다. 테러혐의자 관련 첩보의 검증 라. 국제적 대테러 정보협력체제의 유지 마. 대테러 능력배양을 위한 위기관리기법의 연구발전, 대테러정보·기술·장비 및 교육훈련 등에 대한 지원 바. 공항·항만 등 국가중요시설의 대테러활동 추진실태의 확인·점검 및 현장지도 사. 국가중요행사에 대한 대테러·안전대책의 수립과 그 시행에 관한 기획·조정 아. 테러정보통합센터의 운영 자. 그 밖의 대테러업무에 대한 기획·조정 14. 그 밖의 관계기관 소관 사항과 관련한 대테러업무의 수행
제45조(전담조직의 운영)	관계기관의 장은 제44조의 규정에 의한 관계기관별 임무를 효율적으로 수행하고 원활한 협조체제를 유지하기 위하여 해당기관 내에 대테러업무에 관한 전담조직을 지정·운영 하여야 한다.

6. 국민보호와 공공안전을 위한 테러방지법 시행령, 전담조직

제11조(전담조직)	① 법 제8조에 따른 전담조직(이하 "전담조직"이라 한다)은 제12조부터 제21조까지의 규정에 따라 테러 예방 및 대응을 위하여 관계기관 합동으로 구성하거나 관계기관의 장이 설치하는 다음 각 호의 전문조직(협의체를 포함한다)으로 한다. 1. 지역 테러대책협의회; 2. 공항·항만 테러대책협의회 3. 테러사건대책본부 4. 현장지휘본부 5. 화생방테러대응지원본부 6. 테러복구지원본부 7. 대테러특공대 8. 테러대응구조대 9. 테러정보통합센터 10. 대테러합동조사팀 ② 관계기관의 장은 제1항 각 호에 따른 전담조직 외에 테러 예방 및 대응을 위하여 필요한 경우에는 대테러업무를 수행하는 하부조직을 전담조직으로 지정·운영할 수 있다.
제12조(지역 테러대책협의회)	① 특별시·광역시·특별자치시·도·특별자치도(이하 "시·도"라 한다)에 해당 지역에 있는 관계기관 간 테러예방활동에 관한 협의를 위하여 지역 테러대책협의회를 둔다. ② 지역 테러대책협의회의 의장은 국가정보원의 해당 지역 관할지부의 장(특별시의 경우 대테러센터장을 말한다. 이하 같다)이 되며, 위원은 다음 각 호의 사람이 된다. 1. 시·도에서 대테러업무를 담당하는 고위공무원단 나급 상당 공무원 또는 3급 상당 공무원 중 특별시장·광역시장·특별자치시장·도지사·특별자치도지사(이하 "시·도지사"라 한다)가 지명하는 사람 2. 법무부·환경부·국토교통부·해양수산부·국민안전처·국가정보원·식품의약품안전처·관세청·검찰청 및 경찰청의 지역기관에서 대테러업무를 담당하는 고위공무원단 나급 상당 공무원 또는 3급 상당 공무원 중 해당 관계기관의 장이 지명하는 사람 3. 지역 관할 군부대 및 기무부대의 장 4. 지역 테러대책협의회 의장이 필요하다고 인정하는 관계기관의 지역기관에서 대테러업무를 담당하는 공무원 중 해당 관계기관의 장이 지명하는 사람 및 국가중요시설의 관리자나 경비·보안 책임자 ③ 지역 테러대책협의회는 다음 각 호의 사항을 심의·의결한다. 1. 대책위원회의 심의·의결 사항 시행 방안 2. 해당 지역 테러사건의 사전예방 및 대응·사후처리 지원 대책 3. 해당 지역 대테러업무 수행 실태의 분석·평가 및 발전 방안 4. 해당 지역의 대테러 관련 훈련·점검 등 관계기관 간 협조에 관한 사항 5. 그 밖에 해당 지역 대테러활동에 필요한 사항 ④ 관계기관의 장은 제3항의 심의·의결 사항에 대하여 그 이행 결과를 지역 테러대책협의회에 통보하고, 지역 테러대책협의회 의장은 그 결과를 종합하여 대책위원회에 보고하여야 한다.

	⑤ 지역 테러대책협의회의 회의와 운영에 관한 세부사항은 지역 실정을 고려하여 지역 테러대책협의회의 의결을 거쳐 의장이 정한다.
第13조(공항 · 항만 테러대책협의회)	① 공항 또는 항만(「항만법」 제3조제1항제1호에 따른 무역항을 말한다. 이하 같다) 내에서의 관계기관 간 대테러활동에 관한 사항을 협의하기 위하여 공항 · 항만별로 테러대책협의회를 둔다. ② 공항 · 항만 테러대책협의회의 의장은 해당 공항 · 항만에서 대테러업무를 담당하는 국가정보원 소속 공무원 중 국가정보원장이 지명하는 사람이 되며, 위원은 다음 각 호의 사람이 된다. 1. 해당 공항 또는 항만에 상주하는 법무부 · 농림축산식품부 · 보건복지부 · 국토교통부 · 해양수산부 · 국민안전처 · 관세청 · 경찰청 및 국군기무사령부 소속기관의 장 2. 공항 또는 항만의 시설 소유자 및 경비 · 보안 책임자 3. 그 밖에 공항 · 항만 테러대책협의회의 의장이 필요하다고 인정하는 관계기관에 소속된 기관의 장 ③ 공항 · 항만 테러대책협의회는 해당 공항 또는 항만 내의 대테러활동에 관하여 다음 각 호의 사항을 심의 · 의결한다. 1. 대책위원회의 심의 · 의결 사항 시행 방안 2. 공항 또는 항만 내 시설 및 장비의 보호 대책 3. 항공기 · 선박의 테러예방을 위한 탑승자와 휴대화물 검사 대책 4. 테러 첩보의 입수 · 전파 및 긴급대응 체계 구축 방안 5. 공항 또는 항만 내 테러사건 발생 시 비상대응 및 사후처리 대책 6. 그 밖에 공항 또는 항만 내의 테러대책 ④ 관계기관의 장은 제3항의 심의 · 의결 사항에 대하여 그 이행 결과를 공항 · 항만 테러대책협의회에 통보하고, 공항 · 항만 테러대책협의회 의장은 그 결과를 종합하여 대책위원회에 보고하여야 한다. ⑤ 공항 · 항만 테러대책협의회의 운영에 관한 세부사항은 공항 · 항만별로 테러대책협의회의 의결을 거쳐 의장이 정한다.
第14조(테러사건대책본부)	① 외교부장관, 국방부장관, 국토교통부장관, 국민안전처장관 및 경찰청장은 테러가 발생하거나 발생할 우려가 현저한 경우(국외테러의 경우는 대한민국 국민에게 중대한 피해가 발생하거나 발생할 우려가 있어 긴급한 조치가 필요한 경우에 한한다)에는 다음 각 호의 구분에 따라 테러사건대책본부(이하 "대책본부"라 한다)를 설치 · 운영하여야 한다. 1. 외교부장관 : 국외테러사건대책본부 2. 국방부장관 : 군사시설테러사건대책본부 3. 국토교통부장관 : 항공테러사건대책본부 4. 국민안전처장관 : 해양테러사건대책본부 5. 경찰청장 : 국내일반 테러사건대책본부 ② 제1항에 따라 대책본부를 설치한 관계기관의 장은 그 사실을 즉시 위원장에게 보고하여야 하며, 같은 사건에 2개 이상의 대책본부가 관련되는 경우에는 위원장이 테러사건의 성질 · 중요성 등을 고려하여 대책본부를 설치할 기관을 지정할 수 있다. ③ 대책본부의 장은 대책본부를 설치하는 관계기관의 장(군사시설테러사건대책본부의 경우에는 합동참모의장을 말한다. 이하 같다)이 되며, 제15조에 따른 현장지휘본부의 사건 대응 활동을 지휘 · 통제한다.

	④ 대책본부의 편성·운영에 관한 세부사항은 대책본부의 장이 정한다.
제15조(현장지휘본부)	① 대책본부의 장은 테러사건이 발생한 경우 사건 현장의 대응 활동을 총괄하기 위하여 현장지휘본부를 설치할 수 있다. ② 현장지휘본부의 장은 대책본부의 장이 지명한다. ③ 현장지휘본부의 장은 테러의 양상·규모·현장상황 등을 고려하여 협상·진압·구조·구급·소방 등에 필요한 전문조직을 직접 구성하거나 관계기관의 장에게 지원을 요청할 수 있다. 이 경우 관계기관의 장은 특별한 사정이 없으면 현장지휘본부의 장이 요청한 사항을 지원하여야 한다. ④ 현장지휘본부의 장은 현장에 출동한 관계기관의 조직(대테러특공대, 테러대응구조대, 대화생방테러 특수임무대 및 대테러합동조사팀을 포함한다)을 지휘·통제한다. ⑤ 현장지휘본부의 장은 현장에 출동한 관계기관과 합동으로 통합상황실을 설치·운영할 수 있다.
제16조(화생방테러대응지원본부 등)	① 보건복지부장관, 환경부장관 및 원자력안전위원회 위원장은 화생방테러사건 발생 시 대책본부를 지원하기 위하여 다음 각 호의 구분에 따른 분야별로 화생방테러대응지원본부를 설치·운영한다. 1. 보건복지부장관 : 생물테러 대응 분야 2. 환경부장관 : 화학테러 대응 분야 3. 원자력안전위원회 위원장 : 방사능테러 대응 분야 ② 화생방테러대응지원본부는 다음 각 호의 임무를 수행한다. 1. 화생방테러 사건 발생 시 오염 확산 방지 및 제독(除毒) 방안 마련 2. 화생방 전문 인력 및 자원의 동원·배치 3. 그 밖에 화생방테러 대응 지원에 필요한 사항의 시행 ③ 국방부장관은 관계기관의 화생방테러 대응을 지원하기 위하여 대책위원회의 심의·의결을 거쳐 오염 확산 방지 및 제독 임무 등을 수행하는 대화생방테러 특수임무대를 설치하거나 지정할 수 있다. ④ 화생방테러대응지원본부 및 대화생방테러 특수임무대의 설치·운영 등에 필요한 사항은 해당 관계기관의 장이 정한다.
제17조(테러복구지원본부)	① 국민안전처장관은 테러사건 발생 시 구조·구급·수습·복구활동 등에 관하여 대책본부를 지원하기 위하여 테러복구지원본부를 설치·운영할 수 있다. ② 테러복구지원본부는 다음 각 호의 임무를 수행한다. 1. 테러사건 발생 시 수습·복구 등 지원을 위한 자원의 동원 및 배치 등에 관한 사항 2. 대책본부의 협조 요청에 따른 지원에 관한 사항 3. 그 밖에 테러복구 등 지원에 필요한 사항의 시행
제18조(대테러특공대 등)	① 국방부장관, 국민안전처장관 및 경찰청장은 테러사건에 신속히 대응하기 위하여 대테러특공대를 설치·운영한다. ② 국방부장관, 국민안전처장관 및 경찰청장은 제1항에 따른 대테러특공대를 설치·운영하려는 경우에는 대책위원회의 심의·의결을 거쳐야 한다. ③ 대테러특공대는 다음 각 호의 임무를 수행한다. 1. 대한민국 또는 국민과 관련된 국내외 테러사건 진압 2. 테러사건과 관련된 폭발물의 탐색 및 처리 3. 주요 요인 경호 및 국가 중요행사의 안전한 진행 지원 4. 그 밖에 테러사건의 예방 및 저지활동

	④ 국방부 소속 대테러특공대의 출동 및 진압작전은 군사시설 안에서 발생한 테러사건에 대하여 수행한다. 다만, 경찰력의 한계로 긴급한 지원이 필요하여 대책본부의 장이 요청하는 경우에는 군사시설 밖에서도 경찰의 대테러 작전을 지원할 수 있다. ⑤ 국방부장관은 군 대테러특공대의 신속한 대응이 제한되는 상황에 대비하기 위하여 군 대테러특수임무대를 지역 단위로 편성·운영할 수 있다. 이 경우 군 대테러특수임무대의 편성·운영·임무에 관하여는 제2항부터 제4항까지의 규정을 준용한다.
제19조(테러대응구조대)	① 국민안전처장관과 시·도지사는 테러사건 발생 시 신속히 인명을 구조·구급하기 위하여 중앙 및 지방자치단체 소방본부에 테러대응구조대를 설치·운영한다. ② 테러대응구조대는 다음 각 호의 임무를 수행한다. 1. 테러발생 시 초기단계에서의 조치 및 인명의 구조·구급 2. 화생방테러 발생 시 초기단계에서의 오염 확산 방지 및 제독 3. 국가 중요행사의 안전한 진행 지원 4. 테러취약요인의 사전 예방·점검 지원
제20조(테러정보통합센터)	① 국가정보원장은 테러 관련 정보를 통합관리하기 위하여 관계기관 공무원으로 구성되는 테러정보통합센터를 설치·운영한다. ② 테러정보통합센터는 다음 각 호의 임무를 수행한다. 1. 국내외 테러 관련 정보의 통합관리·분석 및 관계기관에의 배포 2. 24시간 테러 관련 상황 전파체계 유지 3. 테러 위험 징후 평가 4. 그 밖에 테러 관련 정보의 통합관리에 필요한 사항 ③ 국가정보원장은 관계기관의 장에게 소속 공무원의 파견과 테러정보의 통합관리 등 업무 수행에 필요한 협조를 요청할 수 있다.
제21조(대테러합동조사팀)	① 국가정보원장은 국내외에서 테러사건이 발생하거나 발생할 우려가 현저할 때 또는 테러 첩보가 입수되거나 테러 관련 신고가 접수되었을 때에는 예방조치, 사건 분석 및 사후처리방안 마련 등을 위하여 관계기관 합동으로 대테러합동조사팀(이하 "합동조사팀"이라 한다)을 편성·운영할 수 있다. ② 국가정보원장은 합동조사팀이 현장에 출동하여 조사한 경우 그 결과를 대테러센터장에게 통보하여야 한다. ③ 제1항에도 불구하고 군사시설에 대해서는 국방부장관이 자체 조사팀을 편성·운영할 수 있다. 이 경우 국방부장관은 자체 조사팀이 조사한 결과를 대테러센터장에게 통보하여야 한다.

	국가사이버안전센터의 사이버테러경보
의의	국가사이버안전센터는 국가정보원이 사이버 테러로부터 국가 정보통신망을 보호하기 위해 2004년 2월 설립한 기구 우리나라 정보통신망에 대한 국내외로부터의 사이버위협을 24시간 모니터링하여 보안 위해요인 및 공격유형 등을 종합분석하고, 사이버공격 징후를 탐지해 각급기관에 안전대책을 지원하며 긴급상황 발생시 예·경보를 발령한다. 국가사이버안전센터는 모든 사이버위협 정보를 시간별로 정상상태와 비교하여 정보통신망의 위험도를 판단하여, 위험수준에 따라 평시(Green) → 주의(Blue) → 경고(Yellow) → 위험(Red) 등 4단계의 예·경보를 발령한다.

• 1단계	• 국가적 차원에서 네트워크 사용 불가능 • 주요 정보통신기반시설의 정보시스템에 대한 공격으로 인한 심각한 피해가 발생한 경우 • 국가적 차원에서 공동 대처해야 할 필요성이 있는 상황 • 기타 실무협의기구에서 필요하다고 판정하는 경우
• 2단계	• 피해의 범위가 여러 기관에 걸쳐서 나타남 • 주요 정보시스템에 대한 공격으로 피해가 발생한 경우 • 상황을 해결하기 위해서 다수 기관의 협조가 필요한 경우
• 3단계	• 정보시스템에 대한 공격으로 국내외 피해가 발생 • 시스템이 악의적 목적으로 도용 • 네트워크 트래픽이 급격히 증가한 경우로서 피해의 범위가 단일시스템 또는 조직에 해당하는 경우 • 정보시스템 전반에 걸쳐 보안태세 강화가 필요한 경우
• 4단계	• 모든 분야에서 정상적인 활동 • 국내외 신종 컴퓨터 바이러스의 출현, 최신 해킹기법·보안취약점 발표 등 위해가능성이 존재하여 '예보'가 발령될 수 있는 상황

제8절 경찰의 대테러 활동체계

사이버테러대응센터 [CTRC : Cyber Terror Response Center]	해킹과 바이러스 제작, 유포 등 각종 컴퓨터 범죄 포착과 수사를 담당하는 경찰청의 사이버범죄 전담 수사기구 협력운영팀, 수사팀, 기획수사팀, 기술지원팀으로 구성되어 있으며, 사이버테러 종합대책 수립시행, 전국 사이버수사요원 교육, 국제공조수사활동, 24시간 사이버순찰을 통한 초동조치 및 대국민 경보발령, 주요 사이버 테러사건 수사, 사이버테러 수사기법 개발 및 기술지원 등의 업무를 수행한다. 전국의 16개 지방경찰청의 수사과에 사이버수사대가 설치되어 운영 중이다. 각 경찰서 산하 수사과나 형사과에도 사이버수사팀이 운영되고 있다.
테러정보 통합센터(Terrorism Information Integration Center ; TIIC)	대한민국의 테러범죄 예방 활동을 수행하기 위하여 설립된 대한민국 국가정보원 산하기관이다. 주요 업무는 국내외 테러 관련 정보 통합관리 24시간 상황 처리체제의 유지, 국내외 테러 관련 정보의 수집 & 분석 & 작성 및 배포, 테러대책위원회 & 상임위원회의 운영에 대한 지원, 테러관련 위기평가 및 경보발령, 상임위원회의 결정사항에 대한 이행 점검, 테러예방을 위한 교육 및 홍보 등
경찰특공대 **[警察特攻隊]**	• 테러 진압 임무를 수행하는 한국의 경찰 특수부대 경찰특공대의 주요 임무는 △테러 사건 예방과 진압 △테러 사건과 관련한 폭발물의 탐색 및 처리 △인질이나 총기 사건 등 중요 범죄 예방 및 진압 △각종 재해와 재난 상황에서의 인명 구조 등이다. 4개의 전술제대와 경호지원제대, 폭발물처리제대, 교육대 등으로 구성돼 있다. 현재 경찰청 산하에 대(對)테러진압 최정예부대인 경찰특공대를 비롯하여 1997년 서울지방청 산하에 지방특공대 4개 부대가 창설, 전국 12개 지방청에 특수기동대와 경찰서의 5분 대기대가 경찰특공대와 별도로 운영된다.
공수특전단 제707부대	• 육군 특수전사령부 예하 최정예 대(對)테러 부대 항공기 납치 등 테러에 대한 대응, 요인 경호, 유사시 적 전략거점 타격 1982년 120여명 규모(중대급)로 창설된 육군 특수전사령부 산하 테러 대응 부대. '검은 베레'로 널리 알려진 특수전사령부는 유사시 C-130 등 수송기와 특수작전용 헬기를 타고 적 후방 깊숙이 침투, 주요 군사시설 파괴, 후방 교란, 요인 납치 등의 임무를 수행한다. 특전사 부대 중 707부대는 '특전사 중의 특전사'로 불린다. 항공기 납치를 포함한 대(對)테러전이 주 임무이며, 국지전 등이 벌어졌을 때 적에 대한 전략거점 타격 임무도 맡는다. 1986년 아시안게임과 88서울올림픽 당시 주요 인사에 대한 경호 업무도 수행했다. 1982년 게릴라전, 테러전, 요인 구출 등의 임무 수행을 목적으로 창설되었다. 대 테러팀, 해상 지역대, 공중 지역대, 지원팀으로 구성되었으며 장교와 부사관으로 편성되었다.

수도서울사수
수방사헌병단

707

707

SWAT
경찰특공대

제9절 경찰의 인질범의 협상

1. 인질범 협상의 의의

- 인질협상은 인질의 생명과 안전을 위하여 범인을 설득하고 흥정하는 과정이다.
- 테러리스트의 입장에서도 반드시 폭력에 의하여만 문제를 해결하려고 하지 않기 때문에 협상의 가능성은 열려있다고 볼 수 있다.
- 협상을 통하여 인질에 대한 자료와 정보의 수집, 다음 대응전략을 위한 시간벌기, 인질의 생명을 보호한다.
- 인질사건은 협상이 최우선시 되어야 하나 협상이 반드시 성공하는 것이 아니기 때문에 협상의 다음 과정 즉 무력으로 제압하기 위한 예비조치가 될 가능성이 있다.

2. 인질범 협상의 기법

1) 영국의 Scot Negotiation Institute의 협상의 8단계

1단계(협상의 준비)	최대한 양보할 것, 얻기를 희망하는 것, 꼭 얻어야 하는 것 등을 준비
2단계(논쟁의 개시)	상대방으로 하여금 떼를 쓰고 흥정을 걸어오도록 유도
3단계(신호)	노약자, 어린이, 여자 등의 석방요구를 하면서 협상의 의사가 있음을 전달
4단계(제안)	협상상대, 교신방법, 진행방법 등을 말하는 단계
5단계(타결안)	개개 내용에 대한 일괄타결
6단계(흥정)	협상은 교역이다. 양보는 협상이 아니다. 공짜는 절대로 없으므로 요구사항이 바뀌는 경우 다시 협상하여야 한다.
7단계(정리)	합의시마다 내용을 정리
8단계(타결)	

협상상황에 따라 어떤 단계는 불필요할 수도 있고 여러 번 반복될 수도 있다.

2) 인질협상과정에서 고려사항

- 보도진의 접근을 차단하고, 협상기법상 탈출로를 열어두고 협상을 시작할 수 있다.
- 신속하고 정확한 통신수단을 마련하고 인질과 대화통로를 단일화하며 인질범의 부모나 여자친구 등은 현장에서 멀리하는 것이 바람직하다.
- 협상시 "절대", "마지막" 등 극단적인 표현이나 심문식 질문을 자제하고 길게 대답을 유도한다.

〈표 7-1〉 테러관련 증후군

리마 증후군 (Lima Syndrome)	• 인질범이 자신의 인질에게 정신적으로 동화되어 폭력성이 저하되는 이상현상을 일컫는 심리학 용어 • 리마 증후군과 반대되는 현상은 스톡홀름 증후군(Stockholm Syndrome) • 유래 : 이 용어는 페루의 수도인 리마의 명칭을 딴 용어로, 이 현상은 1996년에 리마에서 일어난 일본 대사관저 점거 인질 사건에서 비롯되었다. 1996년 12월, 페루의 반정부 조직 '투팍아마루 혁명운동(MRTA)'의 요원들은 일본 대사관을 검거하였다. 그들은 페루 정부군이 기습한 1997년 4월 22일까지 400여명의 인질들과 함께 지냈으며, 그들은 127일의 시간 동안 점차 인질들에게 동화되는 모습을 보였다. 그들은 점차 인질들이 가족들에게 편지를 보내는 것을 허용해 주었으며 그 외 인질들이 미사 의식을 개최하거나 의약품, 또는 의류를 반입하는 것 역시 허락했다. 시간이 지날수록 요원들은 인질들에게 자신들의 신상을 털어놓기도 하였다. 이 사건에서 발생한 현상을 심리학자들은 후에 '리마 증후군'이라 칭하였다. 예 영화감독 플로리안 헨켈 폰 도너스마르크의 영화 〈타인의 삶〉에서 동독의 비밀경찰 바즐러는 인질범이 인질에게 동화되는 리마 증후군의 현상을 보여준다. 예 조민호 감독의 영화 〈강적〉에서는 스톡홀름 증후군과 리마 증후군이 적절히 뒤섞여 나타난다. 예 시드니 루멧 감독의 〈뜨거운 오후〉 등이 있다.
스톡홀름 증후군 (Stockholm syndrome)	• 인질이 범인에게 동조하고 감화되는 비이성적인 심리 현상이다. 인질이 아니더라도 일부 매맞는 아내, 학대받는 아이들도 이와 비슷한 심리 상태를 나타낸다고 한다. 기원 : 이 용어는 1973년 8월 23일 부터 8월 28일까지 스톡홀름 노르말름스토리(Norrmalmstorg)의 크레디트반켄(Kreditbanken) 은행을 점거하고 은행 직원을 인질로 잡았던 노르말름스토리 사건에서 이름을 따왔다. 인질들은 범인들에게 정서적으로 가까워졌고, 6일 동안 인질로 잡혔다가 풀려났을 때에는 인질범들을 옹호하는 발언도 했다. 범죄학자이자 심리학자인 닐스 베예로트(Nils Bejerot)가 뉴스 방송 중에 이 현상을 설명하면서 처음으로 '스톡홀름 증후군'이라는 용어를 썼다. 예 미국의 언론 재벌 허스트 가문의 큰 딸 패티 허스트는 19세이던 1974년 2월 급진적 좌파 도시 게릴라 공생해방군(共生解放軍, Symbionese Liberation Army)에 납치되었으나, 납치범에게 감화되어 2개월 뒤 공생해방군의 샌프란시스코 은행 습격에 적극적으로 가담했다. 패티 허스트가 1975년 9월에 체포되었을 때, 변호사들

	은 패티 허스트가 스톡홀름 증후군 때문에 범죄에 가담했다고 주장했으나 받아들여지지 않았다. 1979년 2월에 지미 카터 대통령이 형량을 줄여주었고, 2001년 1월에는 빌 클린턴 대통령에게 사면을 받았다. ㉠ 엘리자베스 스마트라는 소녀는 정신이상자에게 납치되어 2002년부터 2003년까지 성적 학대를 당하고 부인 행세를 하도록 강요당했다. 스마트는 유타 주 솔트레이크 시에서 여러 달 동안 범인과 노숙을 했는데, 이 기간 동안 신체적 구속이 전혀 없는 상태였는데도 도망가지 않고 계속 범인과 같이 생활해 왔다. ㉠ 김기덕 감독의 영화 《나쁜 남자》에서 여주인공 선화는 자신을 납치하여 가둬놓고 매춘을 시키는 한기를 어느 시점부터 동경하게 된다.

제 8 장

경찰작전

경찰경비론

제 8 장

경찰작전

제1절 경찰작전의 의의

1. 경찰작전의 수행

- 적의 침투 · 도발위협이 예상되거나 5명 이내의 소규모 간첩이 침투하여 일부지역에서 부분적인 도발행위를 할 경우 경찰책임하에 소탕작전을 실시하는 병종사태로 규정하고 있다.
- 병종사태시 시 · 도 경찰작전사령관[1]은 각 경찰서 5분 대기부대 기동대, 전투경찰대, 방순대를 지휘하고 내륙지역에서 지역예비군을 작전통제하고 지역군 사령부와 국가정보원 등과 협조하여 작전임무를 수행한다.

---

1) 시 · 도 지방경찰청장

2. 임무와 작전수행시 고려사항

취약성의 분석, 정보 및 신고체계의 확립, 지휘의 단일화, 신속한 대응체계확립, 적극적인 공세행동으로 적을 색출・격멸하고 작전시에는 모든 작전요소를 총망라하여 절대우위의 병력으로 통합작전이 필요하다.

1) 112 타격대의 임무	• 112 타격대는 최초로 출동하여 원점(原點)지역이 잘 보이지 않는 지역에 하차하여 사주경계를 실시하면서 원점지역에 접근하여 원점을 보존하여 같이 출동한 정보분석조로 하여금 정확한 분석이 가능토록 한다. • 원점을 수색하여 적을 색출하거나 포획・사살・접적유지・추적하고 상황에 따라서 적의 도피로를 차단하거나 뒤이어 출동하는 지원부대를 유도한다.
2) 정보분석조의 편성 및 운용	• 편성은 보안과장이 실시하며, 작전부대에 편입되어 112 타격대와 함께 작전지역에 출동하여 정보분석을 실시한다. • 최초원점지역에서의 적의 흔적 등을 분석하여 적의 성분, 인원수, 적의 상태 및 도주로 등을 파악하고, 거동수상자에 또는 용의자에 대하여 조사 및 심문을 실시하여 그 신원을 판별하여 종합상황실 또는 지휘관에게 보고한다.
3) 편의대(便依隊)의 운용	• 취약지역에 침투하는 적을 탐지하거나 침투한 적을 색출・포획하고, 지역내의 주민을 통제함과 동시에 취약지역의 적의 은거 및 활동을 거부하기 위하여 편의대(便依隊)를 운영한다. • 편의대(便衣隊)는 그 지역환경에 맞도록 주민으로 가장하여 그 지역주민과 같은 행동으로 활동하며 취약지역을 중심으로 광범위한 지역을 통제할 수 있도록 활동한다.

〈표 8-1〉 용어해설

원점 [原點 : Origin Point]	• 탄자가 포구를 날 때 탄자의 중심 위치. 통상 포구의 기하학적 중심을 의미한다.
사주 경계 [四周警戒 : All Around Guard]	• 사방을 두루 경계하는 일
접적이동 [接敵移動 : Movement to Contact]	• 적과의 접촉이 단절된 상태하에서 상황을 전개하거나, 접촉을 계속 유지하기 위해 실시하는 공격작전으로 접적이동에는 조우전이 포함됨.
접적 전진 [接敵前進 : Advance To Contact]	• 적과 접촉을 유지하거나 회복하기 위하여 실시하는 작전으로 공격작전시 적과 접촉이 없는 공격 부대는 적과 접촉이 이루어질 때까지 전진하다가 적과 접촉시 공격 대형으로 전개하여 공격
편의대 [便衣隊 : Plainclothes Corps]	• 책임 지역 내 침투하는 적을 탐지 색출하기 위해 그 지역의 환경에 맞도록 농민, 약초채취꾼, 행상, 나무꾼 등으로 가장하여 주민과 동일한 행동을 하는 임시 특별 부대

공제선 **[空際線 : Sky Line]**	• 하늘과 지형이 맞닿아 경계를 이루는 선으로 이는 통상 산이나 능선과 같이 비교적 높은 지대의 정상점의 연속선으로 이곳에 서 있는 인원이나 기타 장비 등은 육안으로 쉽게 발견되므로 군사적으로 중요시됨.
은폐 **[隱蔽 : Masking]**	• 직사 화력과 관측으로부터 아군 병력이나 물자를 보호하기 위해 취해지는 조치
엄폐 **[掩蔽 : Cover]**	• 자연 또는 인공적인 장애물에 의하여 적의 관측과 사격으로부터 보호되는 것. 은폐는 단지 적의 관측으로부터 보호되지만, 엄폐는 관측 및 사격으로부터 동시에 보호됨.
목진지 **[-陣地 : Choke Point]**	• 침투하는 적의 이동을 감시 차단하고 조기에 적을 포착 섬멸하기 위하여 적이 이용할 수 있는 요점(길목)에 병력을 배치하기 위한 일종의 매복 진지
사과탄	• 손으로 던질 수 있는 작은 최루탄을 말한다. 사과모양으로 생겼다고 해서 속칭 '사과탄'이라고 한다. • 손으로 던지는 사과탄의 경우 먼 거리에서는 파편에 맞을 위험이 없으나 가까운 거리에서 던져 터질 때는 금속성 뇌관 파편이 인체에 박혀 상처를 입을 수 있다. • 사과탄은 발사장비가 따로 없고 작기 때문에 휴대하고 다닐 수 있다.

＊출처 : [네이버 지식백과] 목진지 [Choke Point, -陣地] (국방과학기술용어사전, 2011., 국방기술품질원)
[네이버 지식백과] 사과탄 (시사상식사전, 박문각)

제2절 전시대비 경찰작전

- 전시에 대비한 경찰의 역할은 크게 민간인의 이동계획, 군 보급로의 확보, 비상충원계획의 실시 등의 임무를 수행하게 된다.
- 전시에 대비하여 도상훈련으로 매년 1회씩 을지연습을 실시하고 제기되는 문제점에 대하여 수정・보완하여 전시에 대비한다.

1. 을지연습

1) 을지연습의 의미

- 충무계획의 실효성 검토 및 전쟁수행절차의 숙달을 목표로 전국규모로 실시하는 도상연습 위주의 총체적 전시대비 연습이다.
- 을지연습은 일명 정부연습으로서 전시, 사변 또는 기타 국가비상시 민・관・군이 합동으로 국가총력전을 수행할 수 있도록 매년 1회 실시하는 범국민적 연습이다.
- 을지연습은 국무총리가 연습방법 및 기간 등을 정하여 대통령의 승인을 받아 국민안전처가 주관한다.
- 포커스 렌즈 연습은 국방부와 한・미연합사가 주관한다.
- 을지/포커스 렌즈연습은 을지연습과 군사연습의 병행시 명칭이다.

을지 포커스 렌즈 [Ulchi Focus Lens]	을지 포커스 렌즈(UFL) 연습은 한국 방위를 위해 매년 8월에 실시하는 정부 및 군사분야 종합 지휘소 연습으로 자리매김되었고, 정부 차원에서 군사 지원을 위한 '을지연습'과 군사 차원의 작전 계획 수행 절차를 숙달하기 위한 '포커스 렌즈 연습'으로 통합되어 1976년부터 컴퓨터 모의 방법을 적용하여 연례적으로 실시해왔다.

2) 을지훈련의 방법

- 년 연습당일 H시를 기하여 국가기관 전 공무원 비상소집과 동시에 을지연습이 개시되고 군사상황과 연계시켜서 정부의 각종사태를 선포하게 된다.

• 연습 당일 국가안전보장회의와 국무회의, 국회를 통해서 심의・의결되는 을지 3종 및 을지 2종 사태와 국가동원령이 선포된다.
• 국가동원령 선포에 따라 국가는 전쟁수행체제에 돌입하게 되며, 적 공격이 이루어지면서 을지 1종 및 계엄령 선포 그리고 기관별로 가장 중요하게 부각되는 핵심과제 토의훈련이나 실제훈련, 각본에 의한 조치연습 등 다양한 훈련을 실시한다.

2. 충무계획[忠武計劃, Chung-Mu Plan]

• 전시 또는 국가 비상사태시에 국가가 능동적으로 대처하기 위하여 평시에 준비하는 범국가적인 비상대비 계획으로, 동원계획의 기초가 되며, 정부 자원관리 주관부처별로 소관자원의 운영과 기능수행을 위한 계획을 수립하게 됨.
• 목적은 국가비상시 군사작전을 효율적으로 지원하고 전시(戰時)정부기능을 유지하며, 국가자원의 신속한 동원을 보장하고, 국민생활의 안정을 도모하는 데 있음
• 실제적으로 전쟁의 위협이 고조되거나 전쟁에 임박한 경우에 대비하여 3단계로 대응하는 방안을 구체적으로 수립한 것으로, 이에 따라 경찰은 단계별로 작전업무를 군(軍)과 합동으로 수행한다.
• 을지연습과 충무계획 순환 : 충무계획을 수립하여 이에 근거하여 충무계획의 실효성을 검토하기 위하여 전국적 규모의 도상연습으로서 을지연습을 실시하며, 실제훈련 등이 필요하면 충무훈련을 실시하고, 여기서 도출된 문제점을 분야별로 다시 보완하여 충무계획을 수립한다.

충무계획	충무 3종 사태	• 정치적인 긴장상태가 조성되고, 적(敵)의 전쟁도발 징후가 현저히 증가된 상황으로 충무계획의 시행을 준비하는 단계
	충무 2종 사태	• 적의 전쟁도발 징후가 더욱 고조된 단계로, 충무계획을 일부 시행하는 단계
	충무 1종 사태	• 전쟁이 임박한 단계로, 충무계획을 전면 시행하는 단계
화랑훈련		• 주도 : 군, 지원 : 정부행정기관 • 주관 : 통합방위본부(본부장 : 합동참모의장 겸임) • 개요 : 전・평시 후방지역 통합방위능력을 증대시키기 위해 민・관・군 전

	작전 요소가 참가하여 '77 ~ '81년간 3군사령부 통제하에 실시되던 수도권 대침투종합훈련이 발전된 것 • 시기 : 격년제 • 훈련 대상 : 군, 경찰, 해경, 국가기관 및 지자체, 향토예비군, 민방위대 등 • 중점 : 주민신고 및 상황보고체제 확립, 통합방위협의회 및 방위지원본부 운영절차 숙달, 국가중요시설 방호, 지역단위테러 대비태세 확립, 지역주민의 안보의식 고취 및 안보공감대 확산 등 • 훈련기간 : 4박 5일 • 군사령부가 훈련 통제 및 평가를 전담하고 통합방위본부는 정부기관과 합동으로 관찰단을 운용하여, 훈련에 대해 제한사항과 장려사항 등을 확인하는 후방지역 통합방위 종합훈련

도상 연습 **[圖上演習 : Map Exercise]**	• 지도 위에 부대나 군사 시설을 표시한 다음, 도구나 부호를 이용하여 실제 작전처럼 옮기면서 하는 군사 연습
현장지휘본부	• 재해 · 재난의 발생 시 인명구조 · 교통관리 · 피해복구 등 각종 경찰활동을 효과적으로 수행하기 위해 사고현장 부근에 설치되는 지휘본부(지휘관 : 경찰서장, 지방청장, 차장)를 말하며, 모든 경찰활동은 현장지휘본부를 중심으로 현장지휘관의 지휘에 따라 이루어지게 된다.
지휘본부	• (군사) command center (CC)
지휘소 [CP : Command Post]	• 지휘관과 참모가 작전임무를 수행하는 부대의 본부 • 기능은 부대유지를 위한 요구와 전투지시에 관계되는 사항을 분류 정리함. • 통상적으로 주지휘소, 후방지휘소, 예비지휘소의 3개 지휘소가 설치됨. 1. 주지휘소(Main Command Post) • 작전의 계획 및 준비와 부대의 지휘, 통제 및 통신기능의 유지 그리고 정보 및 첩보의 수집, 통합업무를 수행하는 부대의 주본부임. • 참모부는 현행 및 장차에 필요한 계획을 발전시키고 전투지원과 전투근무지원사항을 획득하고 협조시킴. • 주지휘소는 통상 적의 경포사거리 밖에 위치함. • 필요시 전술지휘소를 운용함. 2. 후방지휘소(Rear Command Post) • 전술부대의 부대유지에 관계되는 업무를 수행하는 지휘소로서 전투 및 전투지원 작전과 직접적으로 관련이 없는 전투근무지원 활동을 지휘, 통제 및 협조시키기 위한 시설 • 전투근무지원 운용본부가 설치되어 운용됨. 3. 예비지휘소(Reserve Command Post) • 주지휘소의 기능이 상실되거나 이동간의 작전의 지휘 및 통제기능을 수행하기 위하여 설치되는 지휘시설임.

지휘소연습 [CPX : Command Post Exercise]	• 각급 제 대의 지휘관 및 참모의 지휘본부와 통신요원 등을 훈련시키기 위한 연습 • 가상 상황하에서 통신을 유지하면서 지휘소이동 및 운용, 지휘 및 참모절차연습, 작전계획 및 작전예규의 적용, 각종 상황하에서의 지휘 및 통제능력을 배양하기 위한 연습임.
관측 초소 (OP : Observation Post)	• 군사에서 감시를 위해 간략하게 건축되는 구조물
대공초소 [對空哨所 : Air Guard Post]	• 적 항공기의 접근을 조기경보하기 위하여 대공관측이 용이한 곳에 위치한 초소

제3절 기타 관련사항

1. 치안상황실

1) 의의

- 각종 치안상황의 신속·정확한 파악, 상황의 보고·통보 및 하달, 유관기관과 협조, 기타 적절한 초동조치를 효율적으로 처리하기 위하여 운영한다.
- 경찰청, 지방경찰청, 경찰서, 기동단, 경비단(전경대대 포함)에 설치하여 24시간 운영한다.
- 기능 : 각종 상황의 신속정확한 파악, 상황의 신속한 전파, 긴급 초동조치, 유관기관과의 협조 등

2) 상황발생시 상황보고·통보 및 하달 순위

1순위	직접 행동을 취할 기관 및 부대
2순위	협조 및 지원을 요하는 기관 및 부대
3순위	지휘계통에 보고
4순위	기타 필요한 기관 및 부대

3) 운영

(1) 속보(速報)사항

속보사항의 상황보고	지구대(검문소, 중대본부) 〈 15분 이내〉 경찰서(기동단) 상황실 〈 10분 이내〉 지방경찰청 상황실 〈 10분 이내〉 경찰청 상황실에 총 35분 이내에 보고되어야 한다.
	최초 접수기관이 경찰서, 지방경찰청인 경우에는 차상급기관에 최초 보고시간은 15분 이내이다.
	필요시 접수된 상황 그대로를 제1보하고, 상황이 진전됨에 따라 제2보, 제3보의 순으로 내용을 보완해서 보고한다.
	제1보는 신속보고에 주안점을 두어야 하고, 육하원칙이 불필요하다.
	최초 인지(認知) 경찰관은 현장초동조치에 주력해야 한다.

	경찰청 상황실의 경우 상황발생시 상황보고, 통보 및 하달순서 중 가장 먼저 조치하달 할 곳은 1순위(직접 행동을 취할 기관 및 부대), 2순위(협조 및 지원을 요하는 기관 및 부대), 3순위(지휘계통에 보고), 4순위(기타 필요한 기관 및 부대)의 순이다.

(2) 보고의 원칙

선(先)조치 후(後)보고의 원칙	상황발생시 즉응태세의 순서는 선(先)조치 후(後)보고의 원칙에 의하여 이루어지는 것이 합리적이다.
	(순서) 112타격대 긴급배치 하령(下令) 경찰서장 보고 지방청 보고
	무장간첩 등이 나타날 경우상황실장은 현장상황반장으로서 112타격대를 인솔하여 출동함과 동시에 긴급배치를 하령하며, 상황부실장은 상황실에서 접수반, 전파반, 통신반을 지휘하여 서장, 지방청장, 인접 경찰서에 즉시 보고 및 통보하여야 한다.
	출동시에는 긴급한 대처를 위하여 완전한 경찰력이 아니라 우선 출동가능한 제한된 경찰력의 출동을 지시해야 한다.
	중요사건, 사고시 상황실장이 초동조치를 하고, 추후 상황처리 책임은 주무과장이 담당한다.

2. 112타격대

1) 의의

- 간첩의 출현, 기타 각종 사건,사고, 재해발생 등 긴급한 조치가 필요한 경우 신속히 출동하여 효과적인 초동조치 및 구조활동을 수행하기 위한 분대규모의 경찰부대이다.
- 112타격대는 적의 도주로를 차단하는 경우도 있으나, 신속하게 원점으로 출동하

여 원점의 수색 및 접적유지 등이 가장 중요한 임무이다.

- 1968년 1.21 사태를 계기로 창설되었다.
- 대(對)간첩작전시 거동이 수상한 자의 출현신고가 접수된 겨우, 상황실장은 112 타격대와 정보분석조를 함께 원점지역에 출동하여야 한다.
- 정보분석조의 임무는 거수자 및 용의자에 대한 조사심문, 적의 유기물, 흔적의 조사, 분석, 적의 특징 및 행동양태를 조사 및 분석 등이다.

2) 112 타격대 출동시 휴대장비

A형	무장탈영병이나 간첩의 출현을 포함한 작전임무 수행시에 개인화기 등 전투장비일체
B형	지구대기습 등의 집단사태에 대처할 경우에는 다중범죄 진압장비일체
C형	집단폭력배 검거상황의 경우에는 경찰봉, 사과탄, 가스총, 전자봉, 수갑, 경적, 포승줄, 무전기 등
D형	대형안전사고 발생시의 인명구조를 위한 출동시에는 들것, 로프, 손전등, 확성기, 구명환, 휴대용 구조장비 등 상황에 적합한 장비

3. 경찰비상업무규칙(경찰청훈령 제52호)

1) 의의

- 각종 긴급・중요사태 발생시 또는 발생할 우려가 있는 경우에 전국 또는 일정지역으로 한정하여 경찰상의 기능별・주관별로 경찰력을 운용하여 이를 예방・경

계 · 진압하는 비상업무 활동을 말한다.

- 경찰비상업무의 법적근거는 경찰비상업무규칙 경찰청훈령 제458호이다.

2) 경찰비상업무시 근무요령

경찰비상 업무시 근무요령은 다음과 같이 4가지로 구분된다.

① 갑(甲)호비상	연가(年暇)중지, 가용경력(可用警力) 100% 동원, 지휘관(지구대장, 파출소장 포함)과 참모는 정착근무 원칙,
② 을(乙)호비상	연가중지, 가용경력 50% 동원, 지휘관과 참모는 정위치 근무,
③ 병(丙)호비상	연가억제, 가용경력 30% 동원, 지휘관과 참모는 정위치 근무 또는 지휘선상 위치근무 원칙,
④ 경계강화	별도의 경력동원없이 특정분야의 근무강화, 전경찰관의 비상연락 체제유지, 경찰작전부대는 출동대기태세 유지, 지휘관과 참모는 지휘선상 위치근무를 원칙으로 한다.

3) 비상업무 방침

- 비상업무 대상기능은 경비 · 작전 · 정보 · 수사 · 교통업무 중 긴급사태에 국한한다. 다만, 2개 이상의 기능에 관련되는 사태에 대하여는 경비비상으로 통할 단일화 운용한다.
- 기능별 사태의 정황(긴급성 및 중요도)에 따른 비상등급을 갑호, 을호, 병호로 구분 · 운용한다.
- 적용지역은 전국 또는 한정지역(지방경찰청 및 서 관할)으로 구분한다. 다만, 2개 이상의 지역에 관련되는 사태는 차상급 기관에서 주관 운용한다.

4) 비상의 구분별 정황

기능	비상구분	구분	정 황
경비	작전비상 배 치	갑호	관내에 적정이 발생하였거나 발생할 징후가 예상될 시
		을호	인접지역에 적정이 발생하였거나 일부 적의 침투가 예상될 시
		병호	정보 및 첩보에 의하여 적의 침투에 대비한 경계강화가 필요하다고 인정될 시

	경비비상 배 치	갑호	1. 계엄이 선포되기 전의 치안상태 2. 대규모 집단사태의 발생으로 치안질서가 극도로 혼란하게 되었거나 징후가 현저한 경우 3. 국경일, 기념일 및 공휴일 등에 중요치안사태가 발생하여 치안질서가 현저하게 혼란하게 되었거나 징후가 현저한 경우
		을호	집단사태 등 치안사태가 발생하여 치안질서가 혼란하게 되었거나 징후가 현저한 경우
		병호	1. 집단사태 등 치안사태가 발생하거나 징후가 있을 경우 2. 국경일, 기념일 및 공휴일 등을 전후하여 치안질서가 혼란될 우려가 있을 경우
정보	정보비상 배 치	갑호	간첩 또는 정보사범색출을 위한 경계지역내의 검문검색이 필요한 경우
		을호	상기 상황하에서 국한된 지역 또는 요지에 대한 검문검색이 필요한 경우
수사	수사비상 배 치	갑호	사회이목을 집중시킬만한 무장 또는 특수장비에 의한 중대사건 발생시의 범인을 체포하기 위한 경우
		을호	중요 범죄사건 발생시
교통	교통비상 배 치	갑호	농무, 풍수, 설해 및 화재로 극도로 교통혼란 및 사고발생시
		을호	상기 징후가 예상될 시

경찰비상업무규칙

[시행 2005.7.28] [경찰청훈령 제458호, 2005.7.28, 전부개정]

경찰청(위기관리센터), 02-3150-2756

제1장 총칙

제1조(목적) 이 훈령은 경찰공무원복무규정 제14조제2항 및 국가공무원당직및비상근무규칙 제30조제2항의 규정에 의거 치안상의 비상상황에 대하여 정황에 따른 지역별, 기능별 경찰력의 운용과 활동체계를 규정함으로써 비상상황에 효율적으로 대응함을 목적으로 한다.

제2조(정의) 이 훈령에서 사용하는 용어의 정의는 다음과 같다.

1. "비상상황"이라 함은 대간첩·테러, 대규모 재난 등의 긴급 상황이 발생하거나 발생할 우려가 있는 경우 또는 다수의 경력을 동원해야 할 치안수요가 발생하여 치안활동을 강화할 필요가 있는 때를 말한다.
2. "지휘선상 위치 근무"라 함은 비상연락체계를 유지하며 유사시 1시간 이내에 현장지휘 및 현장근무가 가능한 장소에 위치하는 것을 말한다.
3. "정위치 근무"라 함은 감독순시·현장근무 및 사무실 대기 등 관할구역 내에 위치하는 것을 말한다.

4. "정착근무"라 함은 사무실 또는 상황과 관련된 현장에 위치하는 것을 말한다.
5. "필수요원"이라 함은 전 경찰관 및 일반 · 별정 · 기능직공무원(이하 "경찰관 등"이라 한다) 중 경찰기관의 장이 지정한 자로 비상소집시 1시간 이내에 응소하여야 할 자를 말한다.
6. "일반요원"이라 함은 필수요원을 제외한 경찰관 등으로 비상소집시 2시간 이내에 응소하여야 할 자를 말한다.
7. "가용경력"이라 함은 총원에서 병가 · 휴가 · 출장 · 교육 · 파견 등을 제외하고 실제 동원될 수 있는 모든 인원을 말한다.
8. "소집관"이라 함은 비상근무발령권자로부터 권한을 위임받아 비상근무발령에 따른 비상소집을 지휘 · 감독하는 주무참모 또는 상황관리관(치안상황실장)을 말한다.

제2장 비상근무

제3조(근무방침) ① 비상근무는 비상상황 하에서 업무수행의 효율화를 도모하기 위해서 발령한다.

② 비상근무 대상은 경비, 작전, 정보(보안), 수사, 교통 업무 중 비상상황에 국한한다. 다만, 2개 이상의 기능에 관련되는 상황에 대하여는 경비비상으로 통합 단일화하여 실시한다.

③ 적용지역은 전국 또는 일정지역(지방경찰청 및 경찰서 관할)으로 구분한다. 다만, 2개 이상의 지역에 관련되는 상황은 차상급 기관에서 주관하여 실시한다.

제4조(비상근무의 종류 및 등급) ① 비상근무는 그 상황의 유형에 따라 다음과 같이 구분하여 발령한다.

1. 경비 소관 : 경비, 작전비상
2. 정보(보안) 소관 : 정보비상
3. 수사 소관 : 수사비상
4. 교통 소관 : 교통비상

② 기능별 상황의 긴급성 및 중요도에 따라 비상등급을 다음과 같이 구분하여 실시한다.

1. 갑호 비상
2. 을호 비상
3. 병호 비상
4. 경계 강화

③ 비상근무의 종류에 따른 등급별 정황은 별표 1과 같다.

제5조(발령) ① 비상근무의 발령권자는 다음과 같다.

1. 전국 또는 2개 이상 지방경찰청 관할지역 : 경찰청장
2. 지방경찰청 또는 2개 이상 경찰서 관할지역 : 지방경찰청장

3. 단일 경찰서 관할지역 : 경찰서장

② 비상근무의 발령권자는 비상상황이 발생하여 비상근무를 실시하고자 할 경우에는 비상근무의 목적, 지역, 기간 및 동원대상 등을 특정하여 별지 제1호 서식의 비상근무발령서에 의하여 비상근무를 발령한다.

③ 제1항제2호・제3호의 경우 비상근무 발령권자는 비상구분, 실시목적, 기간 및 범위, 경력 및 장비동원사항 등을 차상급 기관의 장에게 보고하여 사전에 승인을 얻어야 한다. 다만, 긴급을 요하는 경우에는 비상근무를 발령하고, 사후에 승인을 얻을 수 있다.

④ 제3항의 규정에도 불구하고 '경계강화'를 발령한 경우에는 승인을 요하지 아니한다.

⑤ 비상근무를 발령할 경우에는 정황의 특수성을 감안하여 비상근무의 목적이 원활히 달성될 수 있도록 적정한 인원, 계급, 부서를 동원하여 불필요한 동원이 없도록 하여야 한다.

제6조(해제) ① 비상근무의 발령권자는 비상상황이 종료되는 즉시 비상근무를 해제하고, 비상근무 해제시 제5조제1항제2호・제3호의 발령권자는 6시간 이내에 해제일시, 사유 및 비상근무결과 등을 차상급 기관의 장에게 보고한다.

② 제5조제2항・제3항에 의해 비상근무를 발령한 경우 차상급 기관의 장은 비상근무의 적정성을 판단하여 비상근무의 해제를 지시할 수 있으며 지시를 받은 비상근무발령권자는 즉시 비상근무를 해제하여야 한다.

제7조(근무요령) ① 비상근무 발령권자는 비상상황을 판단하여 다음의 기준에 따라 비상근무를 실시한다.

1. 갑호 비상
   가. 비상근무 갑호가 발령된 때에는 연가를 중지하고 가용경력 100%까지 동원할 수 있다.
   나. 지휘관(지구대장, 파출소장은 지휘관에 준한다. 이하 같다)과 참모는 정착 근무를 원칙으로 한다.
2. 을호 비상
   가. 비상근무 을호가 발령된 때에는 연가를 중지하고 가용경력 50%까지 동원할 수 있다.
   나. 지휘관과 참모는 정위치 근무를 원칙으로 한다.
3. 병호 비상
   가. 비상근무 병호가 발령된 때에는 부득이한 경우를 제외하고는 연가를 억제하고 가용경력 30%까지 동원할 수 있다.
   나. 지휘관과 참모는 정위치 근무 또는 지휘선상 위치 근무를 원칙으로 한다.
4. 경계 강화
   가. 별도의 경력동원 없이 특정분야의 근무를 강화한다.

나. 전 경찰관은 비상연락체계를 유지하고 경찰작전부대는 상황발생시 즉각 출동이 가능하도록 출동대기태세를 유지한다.

다. 지휘관과 참모는 지휘선상 위치 근무를 원칙으로 한다.

② 비상근무발령권자는 비상근무에 동원된 경찰관 등을 비상근무의 목적과 인원 등을 감안하여 현장배치, 대기근무 등으로 편성하여 운용한다.

③ 비상근무가 장기간 유지될 경우에는 비상근무의 목적과 기간 등을 종합적으로 판단하여 지휘관과 참모 및 동원경찰관은 기본근무 복귀 또는 귀가하여 비상연락체제를 갖추도록 할 수 있다.

④ 비상등급별로 연가를 중지 또는 억제하되 경조사 휴가, 공가, 병가, 출산휴가 등 특별한 사유가 있는 경우에는 그러하지 아니하다.

제8조(연습상황의 부여금지) 비상근무기간 중에는 비상근무 발령자의 지시 또는 승인 없이 연습상황을 부여하여서는 아니 된다. 다만, 경계강화의 경우에는 그러하지 아니하다.

제9조(작전비상의 특례) 제7조의 규정에도 불구하고 작전비상의 경우에는 경찰기본작전계획 및 경찰작전예규에서 규정한 바에 따른다.

제3장 비상소집

제10조(비상소집) ① 정상근무시간이 아닌 때에 제5조・제6조의 규정에 의하여 비상근무를 발령하고자 할 경우 비상근무발령권자는 이를 상황관리관(치안상황실장을 포함)에게 지시하여 신속히 해당기능 및 산하경찰기관 등에 연락하도록 한다.

② 제1항의 연락을 받은 해당 기관의 치안상황실장 또는 당직 근무자는 즉시 지휘관에게 보고 후 경찰관 등의 전부 또는 일부를 지역별 또는 계급별, 기능별로 구분하여 소집되도록 연락하여야 한다.

③ 비상소집을 명할 때에는 비상근무발령서에 의하되, 비상소집 자동전파장치, 유・무선 전화, 팩스, 방송 기타 신속한 방법을 사용한다.

④ 비상근무발령권자가 아닌 경찰기관(경찰기관은 경찰공무원임용령 제26조제3항에 의한다)의 장은 자체 비상상황의 발생으로 소속 경찰관 등을 비상소집하여야 할 필요가 있다고 판단되는 경우 해당 기관의 소속 경찰관 등을 비상소집할 수 있다.

제11조(소집전달) ① 제10조의 규정에 의한 소집 명령이 하달되면 치안상황실장 또는 당직 근무자는 해당 과 및 계, 분직, 지구대에 소집내용이 즉시 전달될 수 있도록 조치하여야 한다.

② 비상소집 자동전파장치가 설치된 경찰기관은 자동전파장치를 이용하여 전파하되, 무응답으로 처리된 자에 대하여는 상황실 근무자가 해당 과・계 분직자에게 통보하여 다시 전파하도록 한다.

③ 전화 전달이 불가능하거나 거리상 현장 전달이 곤란할 경우 거주지 관할 지구대에서 전달하도록 한다.

④ 비상소집 자동전파장치가 설치되지 않은 경찰기관은 각 과 및 지구대별로 별지 제2호 서식을 비치하고 비상소집 사항을 신속히 전달하고 그 결과를 기재한다.

제12조(응소) ① 경찰기관의 장은 별지 제3호 서식의 응소자 명부를 작성, 비치하여야 한다.

② 비상소집명령을 전달받은 자와 이를 알게 된 경찰관 등은 소집 장소로 응소하되, 필수요원은 1시간 이내에 일반요원은 2시간 이내에 응소함을 원칙으로 한다. 다만, 교통수단이 두절되거나 없을 때에는 가까운 경찰서에 응소 후 지시에 따른다.

③ 소집관은 응소자의 복장 및 휴대품을 점검하고 시차제에 의거 출동, 기타 필요한 조치를 강구하여야 한다.

④ 비상소집을 실시한 경찰기관의 장은 당해 기관의 비상소집결과를 별지 제4호 서식의 비상소집결과보고서에 의하여 상급기관의 장에게 보고하여야 한다.

제13조(수송계획) ① 지방경찰청장은 지역관할에 거주하는 경찰관의 응소방법과 차량동원 및 수송코스 등을 포함한 상호 지원계획을 수립하여야 한다.

② 경찰서장은 지방경찰청 계획에 의하여 관내 실정에 맞는 자체 세부계획을 수립하여 응소거리와 시간을 최대한 단축하여야 한다.

③ 제2항의 계획을 수립할 때에는 다음 각 호의 사항을 고려하여야 한다.

1. 관내 소속별 거주자 현황에 의한 차량 소요대수
2. 관내 기관의 위치와 도로망 현황
3. 자체 보유차량 대수
4. 야간 운전원의 근무 대기자수 및 차량으로 단시간 내에 긴급소집할 수 있는 인원수

제14조(수송방법) ① 경찰기관의 장은 제13조제3항 각호의 사항을 고려하여 외곽지 경찰서에 차량을 배치하여 응소자를 지방경찰청 또는 중심지 경찰서에 집결시킨 다음 각각 소속 경찰서의 방향으로 갈 차량에 다시 승차시켜 응소시키고 당해 차량은 소속 경찰서로 각각 복귀하게 한다.

② 경찰서장은 대기소를 지정하여 다른 경찰서의 경찰관이 응소하면 소속별로 구분하여 수송에 신속을 기하여야 한다.

제15조(부대편성 및 장비지급) ① 경찰기관의 장은 교통수단을 고려하여 응소 소요시간의 기준을 사전에 책정하여 시차별 응소 소요 인원을 판단하여야 한다.

② 응소자로 부대 편성을 할 때에는 임시편성부대 편제로 하고, 상황에 따라 증감 편성할 수 있도록 계획을 수립하여야 한다.

③ 소집관은 비상소집시 응소자가 보기 쉬운 곳에 무기 또는 기타 장구의 휴대 기준 및 지급장소

등을 게시하여 지급할 수 있도록 한다.

제16조(소집훈련) ① 경찰기관의 장은 필요한 경우 비상소집 훈련을 실시할 수 있으며, 이 때 소속 경찰관 등에게 다음 각 호의 사항에 대한 교양을 실시하여야 한다.

1. 비상소집의 취지와 소집전달 및 응소 요령
2. 비상소집 전달요령 및 경력 수송 방법
3. 전출·입 및 변동사항 통보 의무와 책임
4. 비상함 비치 및 기타 비상근무에 관한 규정 등 필요한 사항

② 제1항에 의한 비상소집훈련을 실시한 경우에는 차상급 기관에 훈련의 목적, 인원, 훈련내용 등을 보고하여야 한다.

제4장 지휘본부의 운영

제17조(설치) ① 비상상황에서 경찰청, 지방경찰청, 경찰서 등에 경찰지휘본부를 둘 수 있다.

② 경찰지휘본부는 당해 지휘본부장이 필요하다고 인정할 때에 설치하며 경찰청 및 지방경찰청은 치안상황실에 설치함을 원칙으로 한다.

③ 각종 상황발생시 상황의 효율적인 관리를 위해 필요한 경우 현장인근에 현장지휘본부를 설치할 수 있다.

제18조(구성) ① 지휘본부는 본부장과 참모 및 본부요원으로 구성한다.

② 경찰청 지휘본부의 본부장은 경찰청장이, 지방경찰청장과 경찰서의 본부장은 당해 지방경찰청장 및 경찰서장이 된다.

③ 참모는 지휘본부 소속 국장(부장)·과장이 된다.

④ 본부장은 소속 직원 중에서 본부요원 약간인을 배치하고 지휘본부의 서무에 종사하게 한다.

제19조(지휘본부장의 임무) ① 본부장은 지휘본부의 업무를 총괄하고 소속직원을 지휘 감독한다.

② 본부장은 필요하다고 인정할 때에는 그 권한의 전부 또는 일부를 주된 참모에게 위임할 수 있다.

제20조(참모의 임무) ① 각 참모는 비상사태의 진전과 현황을 신속·정확하게 파악하고 소관 사항별로 필요한 대책을 강구하여 본부장을 보좌한다.

② 사태의 성격에 따라 해당기능 참모가 주된 참모로써 임무를 수행하되, 2개 이상의 기능에 관련되는 사태에 대하여는 경비업무 담당참모가 임무를 통할하여 수행한다.

③ 참모는 임무를 수행함에 있어서 관계참모와 긴밀히 협조하여야 한다.

④ 참모는 임무수행상 필요한 때에는 보좌관과 연락관을 둘 수 있다.

제21조(참모의 위치) 참모는 지휘본부에 위치하여 그 임무를 수행하여야 한다. 다만, 본부장은 사태에 따라 각 참모로 하여금 평상시의 근무장소에서 임무를 수행하도록 명할 수 있다.

제22조(상황정리) 지휘본부에는 비상사태의 진전과 현황을 용이하게 파악할 수 있도록 필요한 상

황을 신속정확하게 정리·기록하고 상황판 등을 설치하여 신속한 보고체계를 갖추어야 한다.

제23조(기밀보안) 보안업무규정이 정하는 바에 의하여 상황실의 유지관리와 기밀보안의 철저를 기하여야 한다.

제24조(위임사항) 지방경찰청, 경찰서 지휘본부의 운영에 관하여 필요한 세부사항은 이 규칙의 내용에 저촉되지 아니하는 범위 내에서 지방경찰청장이 따로 정할 수 있다.

제5장 연락체계의 유지

제25조(비상연락체계의 유지) ① 각 경찰기관에 근무하는 경찰관 등은 근무시간이 아닌 때에도 항상 소재파악이 가능하도록 비상연락체계를 유지하여야 한다.

② 새로 임용된 자와 숙소 및 부서를 이동한 자(전·출입), 기타 비상연락망을 변경해야 할 사유가 발생한 자는 연락체계의 유지를 위하여 필요한 사항의 변경이 있는 경우 즉시 별지 제5호 서식에 의하여 변경사항을 주무부서에 신고하여야 한다.

제26조(필수요원의 지정) ① 정상근무시간이 아닌 때에 비상상황이 발생할 경우에 대비하여 사전에 필수요원을 지정하고, 비상상황 발생시 신속히 필요한 조치를 하도록 하여야 한다.

② 제1항의 필수요원은 비상소집시 1시간 이내 응소가능한 경찰관 등을 우선적으로 지정하되, 문서보관자·통신요원 등 사무보조에 필요한 인원이 포함되도록 하여야 한다.

제27조(비상연락망의 정비·보완) ① 경찰기관의 장은 제25조제2항의 규정에 의한 신고를 받은 때에는 별지 제6호 서식에 따른 비상소집연락부와 비상소집 자동전파장치를 즉시 보완·입력하여야 하며, 월 1회 이상 비상소집연락부 또는 비상소집 자동전파장치를 점검하여야 한다.

② 경찰기관의 장은 경비주무과 또는 총무(경무)과 소속 공무원 중에서 직원연락체계의 유지 및 직원 비상소집연락부의 정비·보완을 위한 책임자 및 보조자 각 1인을 지정하여야 한다.

제28조(비상함 비치) ① 경찰기관에는 다음 각 호의 비품을 갖춘 비상함을 치안상황실 또는 당직실에 비치하여야 한다.

1. 자체 비상소집연락부(비상소집 자동전파장치를 갖춘 경우에는 해당되지 아니한다)
2. 비상근무 발령서 및 응소자 명부
3. 성냥(라이터), 양초, 손전등 등 비상조명기구
4. 소집관, 점검관, 기록반 등의 표찰
5. 기타 소집업무에 필요한 비품

② 지구대는 다음 각 호의 물품과 부책을 갖춘 비상함을 비치하여야 한다.

1. 자체 비상연락망
2. 성냥(라이터), 양초, 손전등 등 비상조명기구

제29조(감독) ① 비상근무 발령자는 소속직원에 대한 교양과 감독을 실시하여 비상근무를 빙자한

직권남용 사례 등이 없도록 하여야 한다.

② 지방경찰청 · 경찰서에서 비상근무를 발령한 경우 차상급 기관의 장은 비상근무의 적정성을 감독하여야 한다.

제30조(징계) 비상소집의 신속 정확한 이행을 위하여 다음 각 호의 자를 경고 또는 징계할 수 있다.

1. 비상소집연락망 신고를 불이행한 자와 전출 · 입 통보 등을 불이행한 담당자
2. 소집전달임무를 불성실하게 처리한 자
3. 전달을 받고 이유 없이 불응하거나 미응소한 자

부칙 〈제458호, 2005.7.28〉

① 이 규칙은 발령한 날부터 시행한다.

② (다른 규칙의 폐지) 이 규칙의 발령과 동시에 비상소집규칙(경찰청 훈령 제414호), 경찰지휘본부 운영규칙(경찰청 예규 제225호)은 이를 폐지한다.

4. 비상경계근무

연말 · 연시, 설날, 기타 중요행사 등과 관련하여 긴급 및 중요상황발생 또는 예상시 경찰력을 집중적으로 운영하기 위하여 실시한다.

〈표 8-2〉 비상경계구분별 정황(경찰업무편람10-2)

구분	정 황
갑 호	① 계엄이 선포되기 전의 치안상태 ② 대규모 집단사태의 발생으로 치안질서가 극도로 혼란하게 되었거나 징후가 현저한 경우 ③ 연말연시(설날), 추석, 공휴일 및 행사와 관련 중요 치안사태가 발생하여 치안질서가 현저하게 혼란하게 되었거나 징후가 현저한 경우
을 호	① 집단사태 등 치안사태가 발생하여 치안질서가 혼란하게 되었거나 징후가 현저한 경우 ② 중요행사 등으로 치안활동의 강화가 요구되는 경우
병 호	① 집단사태 등 치안사태가 발생하거나 징후가 있을 경우 ② 국경일, 기념일 및 공휴일 등을 전휴하여 치안질서가 혼란될 우려가 있을 경우 ③ 치안수요 급증으로 경찰활동을 강화할 필요가 있을 경우

5. 경찰검문소의 운영

1) 검문소의 종류 및 유형

유형별		적 용	운영상태	설치장소
상설검문소	단 독 검문소	경찰단독 초소	경찰단독으로 24시간 계속 운용	1. 적의 예상취약침투로 2. 시·도계와 각지의 치안상 필요요지
	합 동 검문소	군경합동 초소	군·경 합동 24시간 계속 운용	위와 같은 장소로서, 1. 전방지역은 당해지역 군사령관이 설치 2. 후방지역은 지방경찰청장(단, 포항·진해지역은 당해지역 사령관)이 설치
임 시 검문소			비상경계 또는 적정이 발생시 임시 운영	적 또는 범죄인의 침투 및 탈출봉쇄에 필요한 장소
야 간 검문소			일몰시간부터 일출시까지 야간에만 운영	1. 예상침투봉쇄로 2. 우범지역(교통우범지역 포함)

2) 경찰검문검색의 근거

경찰관직무집행법 제3조(불심검문)에 규정하고 있다.

경찰관직무집행법

제3조(불심검문) ① 경찰관은 다음 각 호의 어느 하나에 해당하는 사람을 정지시켜 질문할 수 있다.

1. 수상한 행동이나 그 밖의 주위 사정을 합리적으로 판단하여 볼 때 어떠한 죄를 범하였거나 범하려 하고 있다고 의심할 만한 상당한 이유가 있는 사람
2. 이미 행하여진 범죄나 행하여지려고 하는 범죄행위에 관한 사실을 안다고 인정되는 사람

② 경찰관은 제1항에 따라 같은 항 각 호의 사람을 정지시킨 장소에서 질문을 하는 것이 그 사람에게 불리하거나 교통에 방해가 된다고 인정될 때에는 질문을 하기 위하여 가까운 경찰서·지구대·파출소 또는 출장소(지방해양경비안전관서를 포함하며, 이하 "경찰관서"라 한다)로 동행할 것을 요구할 수 있다. 이 경우 동행을 요구받은 사람은 그 요구를 거절할 수 있다. 〈개정 2014.11.19.〉

③ 경찰관은 제1항 각 호의 어느 하나에 해당하는 사람에게 질문을 할 때에 그 사람이 흉기를 가지고 있는지를 조사할 수 있다.

④ 경찰관은 제1항이나 제2항에 따라 질문을 하거나 동행을 요구할 경우 자신의 신분을 표시하는 증표를 제시하면서 소속과 성명을 밝히고 질문이나 동행의 목적과 이유를 설명하여야 하며, 동행을 요구하는 경우에는 동행 장소를 밝혀야 한다.
⑤ 경찰관은 제2항에 따라 동행한 사람의 가족이나 친지 등에게 동행한 경찰관의 신분, 동행 장소, 동행 목적과 이유를 알리거나 본인으로 하여금 즉시 연락할 수 있는 기회를 주어야 하며, 변호인의 도움을 받을 권리가 있음을 알려야 한다.
⑥ 경찰관은 제2항에 따라 동행한 사람을 6시간을 초과하여 경찰관서에 머물게 할 수 없다.
⑦ 제1항부터 제3항까지의 규정에 따라 질문을 받거나 동행을 요구받은 사람은 형사소송에 관한 법률에 따르지 아니하고는 신체를 구속당하지 아니하며, 그 의사에 반하여 답변을 강요당하지 아니한다.
[전문개정 2014.5.20.]

3) 검문검색의 유형

고정 검문검색	특정지점에 검문소를 설치하여 일대를 왕래하는 사람 및 차량에 대하여 계속적으로 검문검색을 하는 것	보통 목지점에 위치하여 대상자의 자유로운 활동을 억제할 수 있으나 일반인에게 노출되어 있어 대상자가 사전에 회피하거나 사전에 준비하고 통과하기 때문에 거수자 색출의 어려움이 있다.
유동 검문검색	일정한 지역을 계속적으로 움직이면서 통행하는 용의자나 용의지역을 적극적으로 검문하는 것으로 거점검문검색이라고도 함	적극적인 검문활동으로 주요 범죄피의자의 검거, 예상범죄의 예방 등이 장점
일제 검문검색	무장간첩이나 불심자가 출현하였거나 출현 징후가 있을 때 계절적 또는 시기적으로 많은 범죄가 발생할 우려가 있을 때, 가용경력을 총동원하여 관내 전반적인 검문검색을 실시하는 것	모든 용의장소에 대하여 빠짐없이 전반적으로 검문검색을 실시해야 하기 때문에 많은 인원이 필요하며 전반적인 통제가 이루어질 수 있어야 한다.
특별 검문검색	타 관내에서 중요사건이 발생하였거나 수배요청이 있을 때 용의지점 또는 길목에서 임시로 검문소를 설치하여 검문검색을 실시하는 것	도로의 사각지점이나 갈라지는 지점 등에서 검문을 하여 그 지역의 지형지물을 최대한 이용하고 용의자들에게 감지되지 않게 하고 설령 알더라도 도주할 수 없는 지리적 조건을 갖추어야 한다.

저자약력

유윤선

행정학 박사

현) 대경대학교 경찰행정학과 교수, 학장

전) 경산시 선거관리위원회 미디어 위원(2005)

경산시 경산경찰서 행정발전 위원(2006)

경산시 경산지법 법원심의조정 위원(2008)

경산문화원 이사(2016)

저자약력

박상현

경북대학교 졸업

고려대학교대학원 졸업

현) 대경대학교 경찰행정과 교수

대구지방경찰청 경찰공무원징계위원회 위원

(사)한국경제기획연구원 연구위원

전) 국회사무총장 비서관(5급)

대구경북경제연구원 정책기획실장

대구 ASPAC 집행위원회 대변인

대구지방경찰청 집회시위 참관위원

〈논문〉

- 남북경제협력현황 및 사례연구
- 17대 국회의 Political Recruit에 관한 연구 등 다수

저자약력

양원규(梁元奎)

영남대학교 법정대학 행정학과(행정학 학사)
경북대학교 일반대학원 행정학과(행정학 석사)
경북대학교, 경일대학교 일반대학원 행정학과(행정학 박사)
현) 대경대학교 경찰행정학과 교수
서울시 공무원 시험문제 출제 및 검증위원
한국직업능력개발원 평가위원
경북지방경찰청 경찰공무원 징계위원회 위원
대구지방경찰청 · 경북지방경찰청 경찰학교 외래교수
한국치안행정학회 운영위원회 영남지회 회장
한국정부학회 섭외홍보위원회 집행이사 · 학회 간 교류협력위원회 위원
대한지방자치학회 부회장 · 총무위원장 · 감사
대구경실련 경제정의연구소 운영위원
전) 현대행정문제연구소 소장
대구광역시 지방공무원교육원 외래교수
대구광역시 · 영천시 시험출제위원

〈저서〉

행정학개론(백산출판사, 2015)
민간경비론 제대로 알기(백산출판사, 2013)
경찰관리론 제대로 알기(2판, 백산출판사, 2013)
경찰관리론 제대로 알기(백산출판사, 2012)
조직이론 제대로 알기(대왕사, 2012)
범죄학 제대로 알기(백산출판사, 2012)
행정학 제대로 알기(6판, 백산출판사, 2011)
경찰조직관리론 제대로 알기(백산출판사, 2010)
행정학 제대로 알기(개정신판, 백산출판사, 2010)
경찰행정법 제대로 알기(2판, 한올출판사, 2009)
경찰학총론 I 제대로 알기(백산출판사, 2009)
경찰학총론 II 제대로 알기(백산출판사, 2009)
경찰학총론 제대로 알기(도서출판 한영, 2007)
경찰행정법 제대로 알기(한올출판사, 2006)
경찰행정법(2003), 지방자치경찰론(2003), 행정학 제대로 알기(2003)
실패와 성공학(2002), 조직과 인간(2002), 공직윤리론(1999)
행정학연습(1999), 환경행정론(1998), 행정학개론(1997)
신체계 도시 · 지방행정론(1996), 승진 행정학연구(1994), 신체계 행정학(1991)
현대지역사회개발론(1990), 행정학(1985), 객관식 문제중심 행정학(1984)
주관식 문제중심 행정학(1982) 외 다수

〈논문〉

- "The Effects of Police Organizational Culture to the Organizational Commitment through the Job Satisfaction", 경찰조직문화가 직무만족과 조직몰입에 미치는 영향, 한국지방자치학회, 2011년도 동계학술대회, pp. 683-702
- 방범용 CCTV의 효율적 운영방안, 대한지방자치학회 2010년 추계학술대회논문집, pp. 173-181
- "Implication of Conflicts on Inspector' s Promotion Process", 경위근속승진제에 대한 갈등의 함의, 한국치안행정논집, 제4권 제1호:21-38
- "Perspectives on Characteristic of Police Culture", 경찰문화의 특징에 관한 고찰, 한국치안행정논집, 제4권 제1호:191-210
- "Theoretical Perspectives on Police Culture : In Concepts, Characteristics, and Research Trend of Police Culture", 경찰문화에 대한 이론적 고찰 -경찰문화의 개념과 특징 및 연구동향을 중심으로, 영남정치학회보 제17권, 2006:25-45
- "A Theoretical Study of the Korean Bureaucracy Culture", 한국관료문화의 이론적 고찰, 영남정치학회보 제16호, 2005:55-75
- "A Study on the Concept of Political Rationality in Policy-Making", 정책결정에 있어서 정치적 합리성 외 다수

Fact-Nice 경찰경비론

2016년 9월 1일 초판 1쇄 인쇄
2016년 9월 5일 초판 1쇄 발행

지은이 유윤선 · 박상현 · 양원규
펴낸이 진욱상
펴낸곳 백산출판사
교　정 편집부
본문디자인 오양현
표지디자인 오정은

등　록 1974년 1월 9일 제1-72호
주　소 경기도 파주시 회동길 370(백산빌딩 3층)
전　화 02-914-1621(代)
팩　스 031-955-9911
이메일 edit@ibaeksan.kr
홈페이지 www.ibaeksan.kr

ISBN 979-11-5763-285-5
값 15,000원